SPORTANATOMIE

Thorsten Gehrke

SPORT ANATOMIE

10. Auflage

Herausgegeben von Bernd Gottwald
Illustrationen von Stefanie Kleinschmidt
Fotos von Horst Lichte

10. Auflage 2019

Genehmigte Lizenzausgabe 2009 für
Nikol Verlagsgesellschaft mbH & Co. KG, Hamburg

© 1999 by Rowohlt Taschenbuch Verlag GmbH,
Reinbek bei Hamburg

Umschlaggestaltung: Thomas Jarzina, Holzkirchen
Umschlagabbildung: Chastity/Fotolia.com
Druck und Bindung: Finidr s.r.o.
Printed in the Czech Republic

ISBN: 978-3-86820-013-3

Besuchen Sie uns im Internet:
www.nikol-verlag.de

Der Fitneß- und Breitensport hat in den letzten 10 Jahren einen rasanten Aufschwung erfahren. Dies gilt in erster Linie für den Fitneßsport in allen seinen Variationen. Sport- und Bodycenter mit einem vielfältigen Angebot erleben einen ungeahnten kommerziellen Boom. Galten sie noch Anfang der achtziger Jahre als reine Bodybuilding-Center, in denen sich einige «Verrückte» für jeden Zentimeter ihres Muskelumfangs unsäglich quälten, so hat sich sowohl das Angebot als auch die Mitgliederstruktur grundsätzlich geändert. Mit dem Ende der achtziger Jahre aufkommenden Gesundheitsbewußtsein ist die reine Kraftschinderei in den Hintergrund getreten. Hinzu kommt der bis in unsere Tage reichende und immer noch boomende Körperkult. Fitneß und schlanke durchtrainierte Körper werden gleichgesetzt mit gesellschaftlichem und beruflichem Erfolg. Diese Entwicklung führte dazu, daß der Trend zu einer «neuen Körperlichkeit» zunehmend in den Vordergrund rückte.

Die Fitneßstudios mutierten zu wahren Gesundheitstempeln. Wo früher dunkle Hinterhofräume, bestückt mit Eisenhanteln, der Muskelumfangsvermehrung dienten, stehen heute mit Marmor und Teppichen ausgelegte, helle, mit Rundumverspiegelung ausgestattete Luxushallen. Statt Eisenhanteln begegnen wir dort computergesteuerten Fitneßgeräten mit allem erdenklichen Service. Diese Entwicklung äußert sich auch in solchen Schlagwörtern wie «Bodywellness», «Bodystyling», «Bauch-, Beine- und Pogymnastik», «Low impact Aerobic» usw. Während dies jedoch im Grunde nur abgemilderte und «gesün-

dere» Formen des herkömmlichen Bodybuildings und der ursprünglichen «Power-Aerobic» sind, sind sie doch auch Ausdruck einer nahezu revolutionären Entwicklung des Sports in den letzten Jahren, des Gesundheitssports. Das Motto «Sport ist Mord» wurde abgelöst durch die Erkenntnis «Bleibe gesund und treibe Sport». Hierbei machte man sich die wissenschaftlichen Erkenntnisse der sportmedizinischen Forschung und Krankengymnastik zunutze und entwickelte «gesunde» Gymnastik- und Fitneßprogramme.

Als Beispiele seien hier nur das «Stretching», die «Funktionsgymnastik» und die «Rückengymnastik» genannt. Mittlerweile haben neben den kommerziellen Fitneßstudios auch die Sportvereine diesen Trend erkannt und bieten vermehrt sogenannte Gesundheitssportkurse an. Trotz dieser aus sportmedizinischer Sicht sehr positiven Entwicklung ist das Wissen um den Aufbau und die Funktion des eigenen Körpers meist auf der Strecke geblieben.

Ziel dieses Buches ist es, Laien, d. h. Nichtmedizinern, die anatomischen Hintergründe der im Sport relevanten Strukturen des menschlichen Körpers nahezubringen. Ausdrücke wie «Bizeps-Curls», «Lat-Maschine», «Quadrizepstraining» u. v. a. sind mittlerweile in den alltäglichen Sportsprachgebrauch eingegangen. In den seltensten Fällen weiß der betreffende Sportler jedoch, wo diese Strukturen liegen und welche Funktion sie haben. Aber gerade dies ist Voraussetzung, um Sport auch wirklich «gesund» betreiben zu können und gezielt bestimmte Muskelgruppen zu kräftigen oder zu dehnen. Nur wer in der Lage ist, beispielsweise die Zusammenhänge zwischen Bauch-, Rücken-, Hüft- und Beinmuskulatur zu erkennen, kann ein sinnvolles Rückengymnastikprogramm durchführen.

Warum muß ich beim Krafttraining mit Liegestützen zunächst die Schulterblattmuskulatur kräftigen? Warum ist das Dehnen bestimmter Unterarmmuskeln notwendig, um möglicherweise einen Tennisarm zu vermeiden? Welche Muskeln halten das Becken aufrecht, um einer schädlichen Hohlkreuzhaltung vorzubeugen und damit Rückenschmerzen zu vermeiden? Mit diesem Buch soll versucht werden, auf diese und viele andere Fragen eine Antwort zu geben.

Sport kann nur dann wirklich gesund sein und Verletzungen oder Verschleißerscheinungen vorbeugen, wenn der Sportler oder Trainer auch wirklich weiß, was er trainiert.

Nun noch einige Worte des Dankes. Zunächst muß ich mich bei meinem Herausgeber und Lektor «Scotty» Gottwald für seine schier unendliche Geduld und Unterstützung in allen redaktionellen Fragen bedanken. Ein weiterer Dank gilt den «Fotomodellen» Heike, Annika, Karsten und Torben sowie Dr. «Mike» Siewers vom Institut für Sportwissenschaften in Kiel für seine fachliche Beratung sowie Horst Lichte für die Fotos.

Das größte Dankeschön gebührt jedoch der Illustratorin Stephanie Kleinschmidt, die nicht nur die großartigen Zeichnungen angefertigt hat, sondern dieses Buch auch wesentlich mitgestaltet und mitkonzipiert hat.

Meinen Freunden Gabi Schünke und Manhard Miehlke danke ich für die Korrekturarbeiten, und vor allem danke ich meinen vier Frauen Brigitte, Lisa, Franziska und Paula für alles.

Dieses Buch ist kein Anatomielehrbuch im herkömmlichen Sinne. Erklärtes Ziel ist die praktische Umsetzung der Theorie im Sport.

Auf der linken Seite einer Doppelseite befindet sich der Text zu den jeweils beschriebenen Muskeln. Der Text geht kurz auf Besonderheiten des jeweiligen Muskels ein, beschreibt dann den Verlauf des Muskels von seinem Ursprungsort bis zu seinem Ansatzpunkt am Skelett und schließlich die Funktion und den entsprechenden Muskelfasertyp. Die gegenüberliegende Seite besteht in den meisten Fällen aus mehreren zeichnerischen und fotografischen Abbildungen. Zentral ist zeichnerisch der Muskel in seinem Gesamtzusammenhang zu den umgebenden Strukturen dargestellt. Das linke obere Feld zeigt uns den genauen Muskelverlauf mit Ursprung und Ansatz am Knochen. Daneben wird der Muskel, gewissermaßen als Ausschnittsvergrößerung, noch einmal fotografisch dargestellt.

Links unten ist eine geeignete Übung zur Kräftigung des Muskels und rechts eine Übung zur gezielten Dehnung des beschriebenen Muskels abgebildet.

Darüber hinaus werden bei den jeweiligen Körperpartien mögliche Sportschäden oder -verletzungen sowie deren Prophylaxe und Therapie erläutert. Diese Abschnitte sind farbig gekennzeichnet und somit immer sofort zu erkennen.

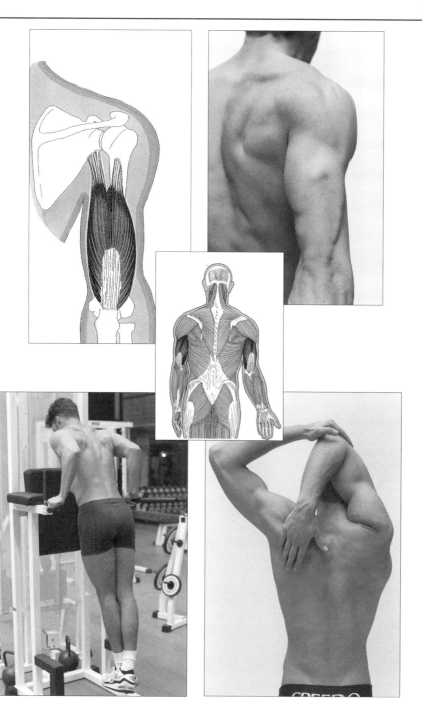

KNOCHEN

Das Stützgerüst unseres Körpers wird von den etwa 200 Einzelknochen, dem Skelett, gebildet, die durch die Skelettmuskulatur bewegt werden. Skelett und Muskulatur bilden gemeinsam den Bewegungsapparat, wobei die Knochen und die Skelettverbindungen (Gelenke) den *passiven* und die Skelettmuskulatur den *aktiven* Bewegungsapparat darstellen.

Knochenentwicklung

Einige wenige Knochen entstehen auf dem Wege der *direkten* Knochenentwicklung (desmale Ossifikation). Hierbei werden die Urbindegewebszellen (Mesenchymzellen) direkt in Knochenzellen (Osteozyten) umgewandelt.

Beispiele hierfür sind das Schädeldach, der Gesichtsschädel und Teile des Schlüsselbeins.

Die meisten Knochen entwickeln sich über eine *indirekte* knorpelige Knochenanlage (chondrale Ossifikation). Dies bedeutet, daß zunächst einmal ein «Knorpelmodell» ❶ des späteren Knochens entsteht, welches dann im Laufe der Entwicklung nach und nach durch Knochen ersetzt wird.

Zunächst bildet sich um den «Knorpelknochen» eine feste «Knochenmanschette» ❷, ❸, die Knochenenden bleiben vorerst knorpelig. Anschließend entsteht in der Knochenmitte (Diaphyse) nach Einsprossung von Blutgefäßen ein Knochenkern (primärer Knochenkern) ❹ und an den beiden Knochenenden (Epiphysen) ebenfalls jeweils ein Knochenkern (sekundäre Knochenkerne) ❺.

Zwischen dem Mittelteil und den beiden Enden befinden sich die knorpeligen Wachstumsfugen (Epiphysenfugen) ❻. Hier findet das Längenwachstum eines Knochens statt, indem sich die Knorpelzellen der Wachstumsfuge permanent teilen. Die durch die Teilung entstandenen neuen Knorpelzellen verknöchern langsam. Der Knochenschaft wächst also an den Wachstumsfugen in die Länge und schiebt die Epiphyse gewissermaßen vor sich her. So wächst der Knochen Stück für Stück, bis die Epiphysenfugen geschlossen sind und damit das Wachstum beendet ist ❼.

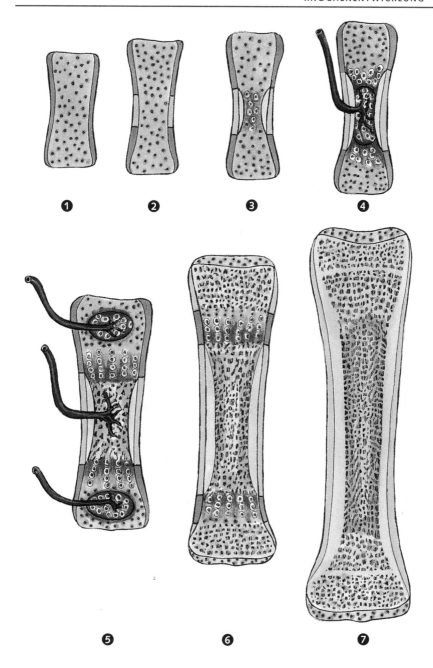

Die Zone der Knorpelzellverkalkung ist die mechanisch schwächste Stelle der Wachstumsfugen. Während der Pubertät (Jungen 12–16 Jahre, Mädchen 10–14 Jahre) kann es zu einem Abrutschen oder Abkippen der Epiphyse des Hüftkopfes kommen. Ursache ist eine hormonell oder mechanisch bedingte Instabilität und Auflockerung der Wachstumsfuge. Dieser Vorgang kann sehr langsam entstehen oder aber ganz plötzlich auftreten. Die große Gefahr dieser Erkrankung liegt darin, daß der gesamte Hüftkopf abstirbt, das Bein anschließend im Hüftgelenk schlecht bewegt werden kann und es zu vorzeitigen Verschleißveränderungen kommt. Leider wird das Abrutschen des Hüftkopfes (Epiphysiolysis capitis femoris) häufig erst sehr spät erkannt, die die Frühsymptome, wie rasche Ermüdbarkeit, leichtes Hinken, Bewegungseinschränkung, Beinverkürzung und Leistenschmerzen oft bagatellisiert und als Wachstumsschmerzen abgetan werden. Ein Warnsignal ist oft auch, daß das Kind über Knieschmerzen klagt.

In der Regel ist die operative Therapie zur Verhinderung eines Fortschreitens des Abrutschvorgangs des Hüftkopfes angezeigt.

Das Dickenwachstum des Knochens geht von den knochenbildenden Zellen (Osteoblasten) der äußeren Knochenhaut (Periost) aus, die außen ständig neuen Knochen anbauen, während auf der Innenseite Knochensubstanz durch die knochenabbauenden Zellen abgebaut (Osteoklasten) wird. So entsteht mit der Zeit eine Röhre, deren Querschnitt mit zunehmendem Wachstum immer größer wird.

Es stellt sich schließlich ein biologisches Gleichgewicht ein, in dem sich der Anbau an der Außen- und der Abbau an der Innenseite des Knochens die Waage halten. Der Knochen enthält 30 Prozent organische und 50 Prozent anorganische Anteile sowie 20 Prozent Wasser. Die anorganischen Bestandteile, die Mineralien und der Knochenkalk, verleihen dem Knochen seine Härte und die organischen Bestandteile, die Bindegewebsfasern, die Elastizität. Dies ist vergleichbar mit dem im Gebäudebau verwendeten Stahlbeton: Während die Eisen- oder Stahlstäbe die Biegsamkeit und damit die Widerstandsfähigkeit gegen Zugkräfte ermöglichen, sorgt der Beton für die Härte und somit Widerstandsfähigkeit gegen Druckkräfte.

Im Querschnitt lassen sich zwei unterschiedliche Bauformen des Gewebes erkennen. In der Außenzone eine dichte Rindenschicht (Kortikalis oder Kompakta) und im Inneren ein schwammartiges Gewebe, die Knochenbälkchen (Spongiosa), so daß der Eindruck einer fast hohlen Röhre entsteht. Aus diesem Grunde bezeichnet man die meisten Knochen als Röhrenknochen.

Zwischen den Knochenbälkchen befindet sich das rote (blutbildende) oder gelbe (fetthaltige) Knochenmark. Nur der Schaftbereich der langen Röhrenknochen enthält keine Knochenbälkchen und ist lediglich von Fettmark ausgefüllt (Markhöhle). Die Spongiosa wird von der inneren Knochenhaut (Endost) bedeckt, welche die Zellen für den Knochenanbau und für den Knochenabbau enthält.

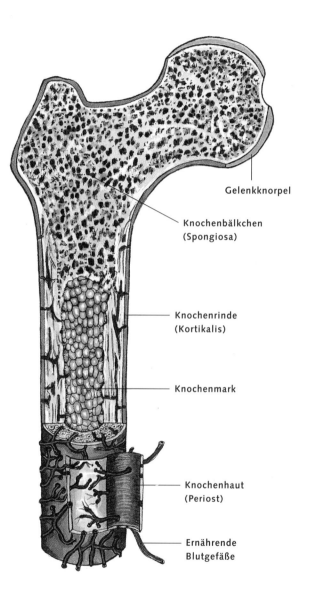

Gelenkknorpel

Knochenbälkchen
(Spongiosa)

Knochenrinde
(Kortikalis)

Knochenmark

Knochenhaut
(Periost)

Ernährende
Blutgefäße

Außen wird die Knochenrinde (Kortikalis) von der äußeren Knochenhaut (Periost) umgeben. Sämtliche An- und Abbauvorgänge des Knochens einschließlich der Knochenbruchheilung gehen von der inneren (Endost) und äußeren Knochenhaut aus.

Die Knochenhaut ist von einem dichten Netz aus schmerzleitenden Nervenfasern durchzogen. Dies erklärt, warum Schläge oder Stöße auf besonders oberflächlich liegende Knochen (Schienbein, Elle) so schmerzhaft sind. Ob der Knochen selbst über schmerzleitende Nerven verfügt, ist bis heute umstritten.

Der fertig entwickelte, ausdifferenzierte Knochen ist ein sogenannter Lamellenknochen, der aus Geflechtknochen entstanden ist. Der Lamellenknochen verdankt seinen Namen dem lamellenartigen Aufbau der Rindenschicht. Grundsätzlich lassen sich in der Knochenrinde drei Lagen unterscheiden:
1. Äußere Generallamelle
2. Osteone (Haverssche Systeme)
3. Innere Generallamelle
Im Zentrum jeder einzelnen Lamelle befinden sich kleinste Kanäle, in denen Blutgefäße und Nerven verlaufen. Um diesen Kanal herum ordnen sich die Lamellen an wie die Jahresringe eines Baumstamms. Haben sich 5–10 einzelne Schalen um einen zentralen Kanal angeordnet, so spricht man von einem Lamellensystem oder Osteon. Zwischen den Lamellen liegen die eigentlichen Knochenzellen (Osteozyten). Je nachdem, ob der Knochen im Auf- oder Abbau begriffen ist, befinden sich hier auch Knochenbildungszellen (Osteoblasten) oder Knochenabbauzellen (Osteoklasten).

Die einzelnen Osteone liegen in der Knochenrinde nebeneinander, vergleichbar etwa mit Sperrholzröhren, die miteinander verleimt sind wie bei einem Stäbchenparkettboden. Da der Knochen kein totes, starres Gewebe ist, kommt es innerhalb der Knochenrinde und den Knochenbälkchen permanent zu Umbauvorgängen. Ständig werden neue Lamellensysteme (Osteone) angebaut und gleichzeitig andere abgebaut, immer in Abhängigkeit von der jeweiligen Beanspruchung und Belastung. Wird ein Knochen beispielsweise im Sport besonders beansprucht, wie die Handwurzelknochen beim Tennisspieler, verdickt sich deren Rindenschicht und wird so erheblich widerstandsfähiger. In so einem Falle gewinnen die knochenaufbauenden Zellen (Osteoblasten) die Oberhand und steigern die Knochenproduktion. Im umgekehrten Falle wird ein Knochen, der kaum beansprucht wird, dünn und brüchig.

Wie die Muskulatur und die Bänder paßt sich auch der Knochen an sportliche Belastungen an. Untersuchungen an Tennisspielern haben ergeben, daß nicht nur der Knochen des Unterarms und der Schlaghand an Dicke und Dichte zugenommen haben, sondern bei jugendlichen Spielern sogar auch eine Zunahme des Längenwachstums stattgefunden hat. So war die Elle des Schlagarms bis zu 1,3 cm länger als die nicht so sehr beanspruchte Gegenseite.

Äußere Generallamelle

Osteon

Innere General-
lamelle

Periost

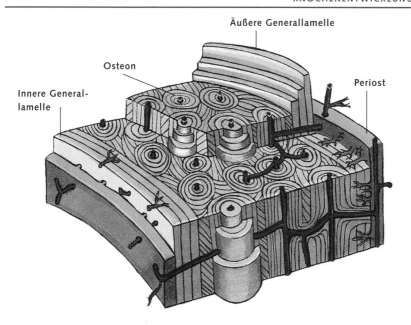

Osteon

Osteozyten

Äußere Generallamelle

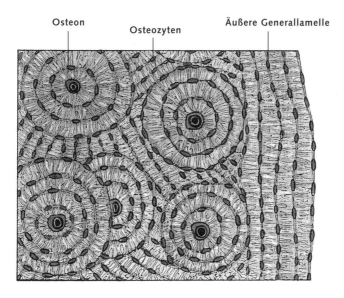

Aufbau des Knochens

Der menschliche Knochen besitzt einen strukturellen Aufbau, der sich aus den Besonderheiten der mechanischen Beanspruchung der jeweiligen Skelettregion ergibt: In Nähe der Gelenke besteht der Knochen aus einem schwammartigen Netzwerk von Knochenbälkchen (Spongiosa), während er im Bereich der Diaphyse einen hohen Verdichtungsgrad (Kompakta, Kortikalis) erreicht. Der Verlauf der Knochenbälkchen ist nicht ungeordnet, sondern unterliegt bestimmten Gesetzmäßigkeiten: Die Anordnung der Knochenbälkchen spiegelt den durch den Knochen geleiteten Kraftverlauf wider. Die dickeren Knochenbälkchen bezeichnet man als Trajektorien, die in Abhängigkeit von ihrer Beanspruchung als Druck- und Zugtrajektorien bezeichnet werden. Somit werden mit sehr geringem Materialaufwand alle auf den Knochen einwirkenden Kräfte von den Knochenbälkchen aufgefangen. Im Zentrum des Knochens, wo wenig oder gar keine Druck- oder Zugkräfte auftreten, fehlt die Spongiosa sogar gänzlich.

Dieses Prinzip der maximalen Materialersparnis ist bereits von Galileo Galilei beschrieben und im Laufe der Jahrhunderte von vielen Baumeistern kopiert worden, indem bei der Konstruktion von Türmen (Eiffelturm), Brücken und großen Hallen nur dort tragende Pfeiler und Stützen gebaut werden, wo Zug- und Druckkräfte wirken, die aufgefangen werden müssen.

Mechanische Eigenschaften des Knochens

Aufgrund seines speziellen Aufbaus besitzt der Knochen mechanische Eigenschaften, die nahezu alle anderen in der Natur vorkommenden oder künstlich hergestellten Materialien übertrifft: Er weist die gleiche Elastizität wie Eichenholz auf, die Zugfestigkeit des Knochens entspricht etwa der von Kupfer. Die Druckfestigkeit liegt weit über der von herkömmlichen Baumaterialien, wie Sandstein oder Muschelkalk. Die statische Biegefestigkeit ist vergleichbar mit der des Flußstahls.

Dabei ist der Knochen beileibe kein totes, starres Gewebe, sondern zeitlebens ununterbrochen Umbauvorgängen unterworfen. Nur dadurch ist er in der Lage, sich immer den jeweiligen funktionellen Anforderungen anzupassen. Wird er kaum beansprucht, wird er langsam abgebaut. Es kommt zur sogenannten Inaktivitätsosteoporose.

Wird der Knochen dagegen stark beansprucht, verdichtet er sich. Kommt es zu Änderungen seiner Belastung, etwa durch Operationen, bei denen Knochen umgestellt werden, d. h. in eine neue Form gebracht werden, passen sich Knochenbälkchen schnell ihrer neuen Beanspruchung an, indem sie sich umbauen und ihre Verlaufsrichtung entsprechend den veränderten Belastungen ändern.

Die Druckfestigkeit des Knochens ist höher als seine Zugfestigkeit. Das Verhältnis von Druck- zu Zugfestigkeit beträgt etwa vier zu drei.

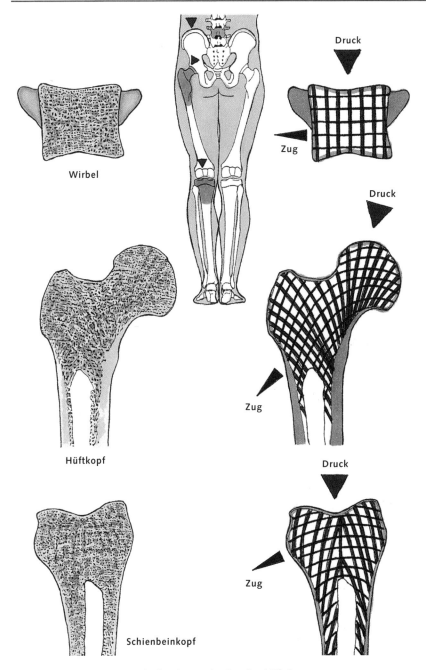

Druck

Zug

Wirbel

Druck

Zug

Hüftkopf

Druck

Zug

Schienbeinkopf

Verlaufsrichtung der Knochenbälkchen

Knochenformen

Das Skelett des Menschen setzt sich aus etwa 200 Einzelknochen zusammen. Diese unterscheiden sich in ihrem Aussehen z. T. erheblich. Die Form der Knochen wird im wesentlichen durch ihre Funktion bestimmt:

❶ Röhrenknochen:
Die langen und kurzen Röhrenknochen finden wir hauptsächlich an den oberen und unteren Extremitäten, wo sie vorwiegend als «Säulen- oder Stützknochen» dienen. Sie bestehen in der Mitte aus dem Knochenschaft mit der Markhöhle und an den Enden aus den Epiphysen, die meist mit Knochenbälkchen ausgefüllt sind.

❷ Platte Knochen:
Die breiten platten Knochen haben die Aufgabe, innere Organe zu schützen, so wie die Darmbeinschaufeln die inneren Organe des kleinen Beckens, die Schädelknochen das Gehirn oder das Schulterblatt die Lunge schützt. Sie werden häufig als «Schutzknochen» bezeichnet. Die Knochenrinde ist dick, und im Inneren befinden sich kräftige Knochenbälkchen. Zwischen den Knochenbälkchen liegt blutbildendes rotes Knochenmark.

❸ Kurze Knochen:
Die kurzen kompakten Knochen, wie die Hand- und Fußwurzelknochen, müssen in der Lage sein, hohe Druck- und Stauchkräfte auszuhalten. Sie haben nur eine relativ dünne Knochenrinde, sind im Inneren aber fast vollständig mit Knochenbälkchen ausgefüllt, die im Randbereich platten- und innen stäbchenartig aufgebaut sind. Zwischen den Knochenbälkchen befindet sich blutbildendes rotes Knochenmark.

❹ Unregelmäßig geformte Knochen:
Hierzu werden die Wirbel gezählt, die mehrere Aufgaben gleichzeitig erfüllen müssen, wie Stütz-, Schutz- und Bewegungsleistungen.

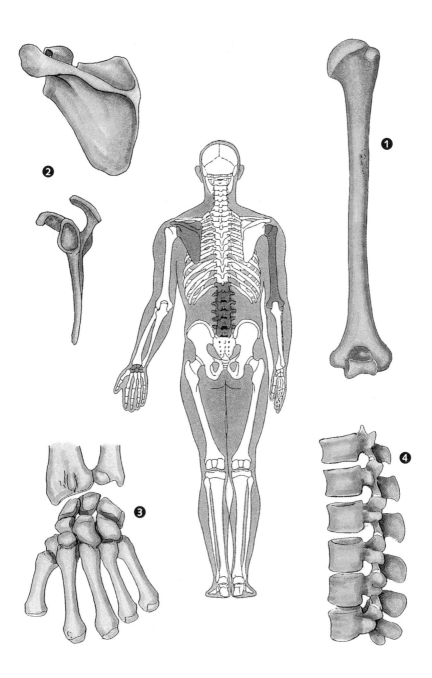

Knochenbruch (Fraktur)

Die Knochenbrüche werden unterschieden in:

A **Verletzungsbedingter Knochenbruch (Traumatische Fraktur):**
Die häufigste Bruchform, bei der eine von außen auf den Körper einwirkende Gewalteinwirkung die Belastbarkeit des Knochens überschreitet, bis er bricht.

B **Krankheitsbedingter Bruch (Pathologische Fraktur):**
Aufgrund krankhafter Veränderungen des Knochens, z. B. bei Osteoporose oder Knochentumoren, wird die Belastbarkeit des Knochens so weit herabgesetzt, daß selbst alltägliche normale Belastungen zum Bruch des Knochens führen.

C **Ermüdungsbruch (Streßfraktur):**
Durch chronische Überbeanspruchung kommt es am Knochen zu einer «Materialermüdung», der der Knochen bei langer Belastung nicht mehr standhalten kann.

Um einen Knochenbruch erkennen zu können, werden die Zeichen, die auf einen Bruch hinweisen, unterteilt in:

Sichere Knochenbruchzeichen:
1. Verformung (Deformität)
2. Knochenreiben (Krepitation)
3. abnorme Beweglichkeit

Relative Knochenbruchzeichen:
1. Schmerz
2. Bluterguß (Hämatom)
3. Funktionsstörung der betroffenen Gliedmaßen
4. Schwellung

Sicher ist in jedem Falle aber nur die Röntgenaufnahme!

Die Knochenbruchheilung beginnt in der Regel schon im Moment der Verletzung selbst. Bei jedem Bruch kommt es auch zu einer Zerreißung der Knochenhaut, die neben vielen Nerven auch von einem dichten Netz von Blutgefäßen durchzogen ist, aus denen es bei der Verletzung ganz erheblich bluten kann. Der hierbei entstehende Bluterguß im Frakturbereich stellt gewissermaßen die Leitschiene für die Neuordnung und Heilung des Gewebes dar. Bei der indirekten (sekundären) Knochenbruchheilung entsteht aus dem Bluterguß an den Bruchenden zunächst lockeres Gewebe, das bald in straffes festes Bindegewebe **1** umgewandelt wird. Das feste Bindegewebe wird schließlich zu Knorpel. Dieser die Knochenbruchenden wie eine Manschette umgebende Knorpel wird als Knorpelkallus **2** bezeichnet. Der Knorpelkallus dient den aus dem Knochen einwandernden Knochenbildungszellen als Leitschiene und Gerüst. Diese ersetzen nach und nach die Knorpelzellen, und es entsteht der Knochenkallus **3**, der im Röntgenbild als spindelförmige Verdickung im Bruchbereich zu erkennen ist. Dieser Knochenwulst verbindet schließlich die Knochenbruchenden miteinander. Der Knochen ist geheilt. Letztendlich gewinnt der geheilte Knochen mit der Zeit durch langsamen Abbau des Knochenkallus wieder seine ursprüngliche Form **4**.

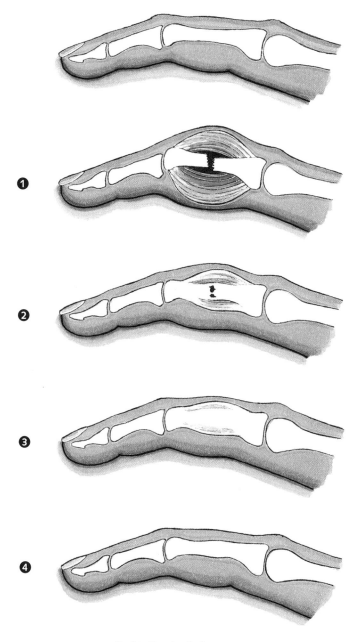

Indirekte Knochenheilung

Überall dort, wo die Knochenenden nach einem Bruch vollständig ohne Spaltbildung ruhiggestellt sind, kommt es zur direkten (primären) Knochenbruchheilung. Die direkte Knochenheilung, d. h. Bruchheilung ohne Kallusbildung, ist nur möglich, wenn die Knochenstücke, z. B. durch Operation (Verplattung, Verschraubung), optimal wieder zusammengefügt wurden und kein größerer Spalt zwischen den Knochenbruchenden vorhanden ist. Hierbei entsteht kein Narbengewebe und auch kein Knorpelgewebe (Kallus), sondern die Knochenbildungszellen (Osteoblasten) können direkt von einem Knochenende auf das andere übergehen und den Bruchspalt mit neuem Knochengewebe verschließen.

Knochenbruchbehandlung

Frakturen können entweder operativ oder konservativ behandelt werden. Ziel und Ablauf der Behandlung ist jedoch immer gleich:

1. Reposition:
   Zunächst muß versucht werden, die Knochenbruchenden wieder in ihre ursprüngliche Stellung zu bringen. Hierbei ist darauf zu achten, daß die Reposition einer gebrochenen Gliedmaße nur unter Zug und Gegenzug zu erfolgen hat.

2. Retention:
   Hat man die Knochenbruchenden wieder in ihre usprüngliche Position gebracht, muß dafür gesorgt werden, daß sie sich durch Muskelzug oder andere von außen einwirkende Kräfte nicht wieder gegeneinander verschieben. Dies geschieht, indem man entweder einen Gipsverband anlegt oder operativ mit Schrauben, Nägeln, Platten oder Drähten versucht, die reponierten Knochenbruchstücke zu stabilisieren und an Ort und Stelle zu halten.

3. Rehabilitation:
   Zur Vermeidung von sogenannten Immobilisationsschäden, d. h. Schäden am Bewegungsapparat, die durch die Ruhigstellung entstehen, wie Gelenkeinsteifungen oder Abnahme der Muskelmasse (Muskelatrophie), muß nach Ausheilung des Knochenbruchs eine gezielte aktive Bewegungstherapie durchgeführt werden. Dies ist auch deshalb besonders wichtig, um das Wechsel- und Zusammenspiel der einzelnen Muskeln untereinander (intra- und intermuskuläre Koordination) zu fördern.

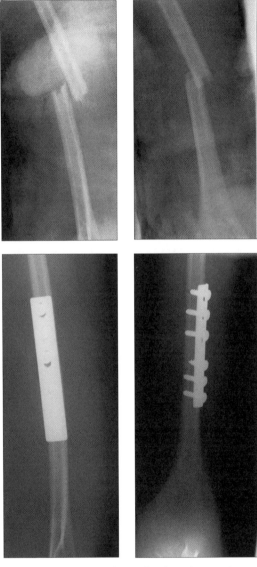

Röntgenbilder von Oberarmbruch nach operativer
Versorgung (Verplattung)

GELENKE

Grundsätzlich sind alle Verbindungen zwischen knöchernen oder knorpeligen Anteilen des Skeletts Gelenke. Ihre Aufgabe ist es zum einen, Bewegungen zwischen den einzelnen Gelenkpartnern, also Abschnitten des Rumpfes und der Extremitäten, zu ermöglichen, und zum anderen, Kräfte von einem Knochen auf den anderen zu übertragen.

Wir unterscheiden «unechte» und «echte» Gelenke:

Bei den *unechten Gelenken (Synarthrosen)* fehlt der Gelenkspalt. Der Raum zwischen den einzelnen Skelettanteilen ist mit Knorpel, Knochen oder Bindegewebe ausgefüllt. Je nach Art des Füllgewebes unterscheidet man:

❶ **Knorpelhaften (Synchondrosen)**
z. B. die Verbindung zwischen den Wirbelkörpern, die Bandscheiben, oder die knorpelige Verbindung zwischen den Schambeinen am Becken (Schambeinfuge, Symphyse)

❷ **Bandhaften (Syndesmosen)**
z. B. die Zwischenknochenmembran zwischen Schien- und Wadenbein sowie zwischen Elle und Speiche (Membrana interossea)

❸ **Knochenhaften (Synostosen)**
z. B. die Verschmelzung der 5 Kreuzwirbel zum Kreuzbein oder der Hüftknochen zum Hüftbein.

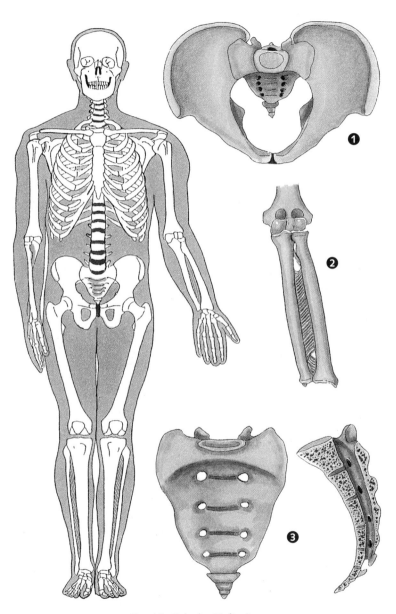

Unechte Gelenke (Haften)

Das Hauptmerkmal der echten Gelenke (Diarthrosen) ist die Tatsache, daß die Knochen durch einen *Gelenkspalt* voneinander getrennt sind. Weitere typische Merkmale sind die *Gelenkhöhle*, die *Gelenkkapsel* und die von hyalinem Knorpel bedeckten Gelenkflächen, der *Gelenkknorpel.*

Gelenkknorpel

Der Knorpel ist aus den Knorpelzellen (Chondrozyten) und der sogenannten Grundsubstanz (Matrix) zusammengesetzt. Die Knorpelzellen (Chondrozyten) produzieren die Grundsubstanz des Knorpelgewebes, die aus Bindegewebsfasern (Kollagen) und Eiweiß-Zucker-Molekülen (Proteoglykanen) besteht. Proteoglykane sind große Moleküle, die aus einem kleinen Anteil Eiweiß und einem großen Anteil Zucker zusammengesetzt sind. Die Proteoglykane sind in Verbindung mit sogenannten Hyaluronsäuremolekülen in der Lage, große Mengen Wasser zu binden.

Bei entzündlichen oder verschleißbedingten Gelenkerkrankungen (Arthritis und Arthrose) kommt es zu einem Verlust von Proteoglykanen, wodurch die Elastizität und damit die Widerstandsfähigkeit des Knorpels abnimmt. Weitere Knorpel- und Knochenschäden sind die Folge. Kommt es zu einer Schwächung der festen kollagenen Netzwerkhülle, verliert der Knorpel, der unter physiologischen Umständen schon zu 75 Prozent aus Wasser besteht, durch zusätzlich einströmendes Wasser an Elastizität. Während des Wachstumsalters sind die Knorpelzellen noch teilungsfähig und können sich vermehren. Das bedeutet, daß bei Kindern Verletzungen des Knorpels noch normal verheilen können. Die Knorpelzelle des Erwachsenen ist nicht mehr teilungsfähig. Knorpeldefekte können dann nur noch durch minderwertiges Ersatzgewebe (Faserknorpel) ersetzt werden.

Die Knorpelzelle ist die einzige Zelle im Organismus, die ständig ohne Sauerstoff lebt (anaerober Stoffwechsel). Der Knorpel selbst enthält keine Blutgefäße. Deshalb muß die Ernährung des Chondrozyten durch Transport der Nährstoffsubstrate von der Gelenkschleimhaut (Synovialis) durch die Gelenkflüssigkeit und die Grundsubstanz bis hin zur Knorpelzelle erfolgen.

Dies erfordert eine möglichst häufig wechselnde Belastung des Gelenks zum besseren Austausch der Gelenkflüssigkeit mit der Grundsubstanz, d. h. es sollte ein ständiger Wechsel zwischen Belastung und Entlastung eines Gelenks erfolgen, damit sich der Knorpel, vergleichbar mit einem Schwamm, bei Entlastung vollsaugen und mit Nährstoffen auffüllen kann. Bei Belastung wird der Knorpel ausgepreßt, und dadurch werden die Abbauprodukte entfernt.

Die Dicke des Gelenkknorpels variiert stark. Sie beträgt durchschnittlich 2−3 mm, wobei sie wesentlich von der Belastung der jeweiligen Gelenkflächen abhängt. So beträgt z. B. die Dicke des Gelenkknorpels an der Kniescheibenrückfläche, wo sehr große Drucke übertragen werden, bis zu 1 cm.

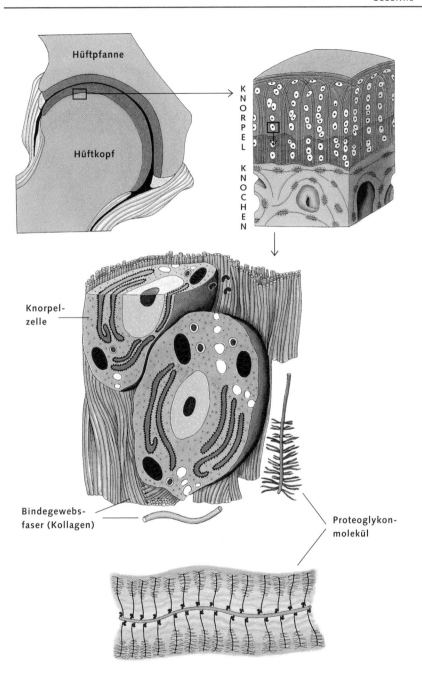

Hüftpfanne

Hüftkopf

KNORPEL

KNOCHEN

Knorpel-
zelle

Bindegewebs-
faser (Kollagen)

Proteoglykon-
molekül

Im menschlichen Körper werden drei verschiedene Arten von Knorpel unterschieden:

❶ Elastischer Knorpel:
Zusätzlich zu den Strukturen des hyalinen Knorpels enthält der elastische Knorpel elastische Fasernetze, die netzartig um die Knorpelzellen herumgewickelt sind. Vorkommen:
- Kehldeckel
- Ohrmuschel
- äußerer Gehörgang
- Ohrtrompete
- kleine Bronchien

❷ Hyaliner Knorpel:
Vorkommen:
- Gelenkflächen
- Rippenknorpel
- Nasenknorpel
- mittlere bis tiefe Luftwege

Die von den Knorpelzellen produzierte Grundsubstanz (Extrazellulärmatrix) besteht aus Wasser, Proteoglykanen, Bindegewebsfasern, Zucker- und Fettbausteinen und Elektrolyten. Der hyaline Knorpel ist in der Lage, Kompression (z. B. Gelenkdruck) Widerstand zu leisten. Bei Belastung müssen Druck- und Zugspannungen aufgefangen werden, wobei die Druckfestigkeit des hyalinen Knorpels wesentlich höher ist als die Zugfestigkeit. Die Bindegewebsfasern sorgen dafür, daß Zugspannungen entgegengewirkt wird, während die Knorpelzellen, die Proteoglykane und das gebundene Wasser die Druckkräfte auffangen.

❸ Faserknorpel
Er enthält wesentlich mehr Kollagenfasern als der hyaline Knorpel und ist überall dort zu finden, wo große Drucke entstehen:
- Zwischenwirbelscheiben (Bandscheiben)
- Gelenkzwischenscheiben (Meniskus)
- Schambeinfuge (Symphyse)

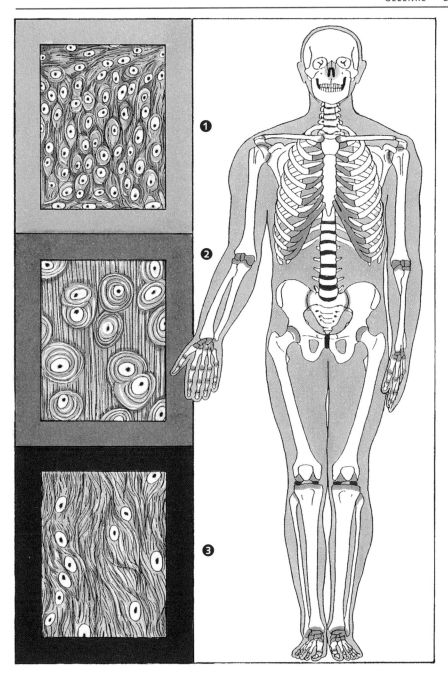

Gelenkkapsel

Die Kapsel umschließt das Gelenk und ist aus zwei unterschiedlichen Schichten zusammengesetzt. Die äußere Schicht besteht aus derbem, festem Bindegewebe (Membrana fibrosa), während sich die innere, zarte Schicht, die Gelenkschleimhaut, aus lockerem gefäßreichen Bindegewebe zusammensetzt (Membrana synovialis).

An einigen Gelenken ist die Gelenkkapsel straff gespannt (z. B. Hüftgelenk) und in anderen Gelenken (z. B. Schultergelenk) schlaff und weit. Kräftige Verstärkungsbänder ziehen über das Gelenk hinweg und verstärken die äußere Gelenkkapsel. Sie enthalten zahlreiche Stellungsfühler (Rezeptoren), die für Steuerung und Führung des Gelenkes erforderlich sind (Propriozeption).

In der Gelenkschleimhaut, die extrem gut durchblutet ist und in vielen Falten und Zotten in die Gelenkhöhle vorspringt, befinden sich hochspezialisierte Zellen, die für die Bildung (Produktion) und Aufnahme (Resorption) der Gelenkflüssigkeit (Synovia) zuständig sind. Die Gelenkflüssigkeit dient einerseits der Ernährung des Gelenkknorpels, andererseits ist sie als sogenannte Gelenkschmiere für die Herabsetzung der Reibung der Gelenkflächen gegeneinander zuständig. Innerhalb der Gelenkschleimhaut befinden sich zahlreiche Blutgefäße und schmerzleitende Nervenendigungen. Veränderungen an der Gelenkschleimhaut gehen deshalb in der Regel mit heftigen Schmerzen einher. Neben den Schmerzfasern gibt es aber auch hier viele Nervenendigungen (Rezeptoren), die über den Spannungszustand zu Beginn und am Ende einer Bewegung informieren, (Pacinische Nervenkörperchen) und andere, die auf Spannungsänderungen in der Kapsel sowohl in Ruhe als auch während des gesamten Bewegungsablaufs reagieren (Ruffinische Nervenkörperchen).

Bei Verletzungen der Gelenkkapsel mit Zerreißungen des Bandapparates und Schädigungen der Gelenkschleimhaut kommt es häufig zu Schäden an diesen Nervenendigungen, so daß nach Ausheilung einer derartigen Verletzung, z. B. nach Umknickverletzungen im oberen Sprunggelenk mit Kapsel und Bandzerreißungen, oft Unsicherheiten in der Gelenkführung auftreten und der korrekte Bewegungsablauf erst durch ein spezielles krankengymnastisches Übungsprogramm wieder neu erlernt werden muß. Alle Gelenkentzündungen gehen mit einer Entzündung der Gelenkschleimhaut (Synovialitis) einher. Dabei kann die Schleimhaut auf drei verschiedene Weisen reagieren. 1. **Erguß:** Wird ein Gelenk gereizt – sei es durch Verletzung, Verschleiß oder Entzündung –, reagiert die Gelenkschleimhaut mit einer gesteigerten Produktion von Gelenkwasser. Die Folge ist eine vermehrte Flüssigkeitsansammlung in der Gelenkhöhle, der Gelenkerguß. Das Gelenk schwillt an.

2. **Verdickung:** Entzündungen der Gelenkschleimhaut können zu massiven Verdickungen führen. 3. **Verklebungen:** Nach Verletzungen der Gelenkkapsel oder anderen Erkrankungen, die mit einer Entzündung der Gelenkschleimhaut einhergehen, kann es zu einer Verklebung der Schleimhautfalten untereinander oder mit dem Knorpel kommen. Die Folge sind zunehmende Bewegungseinschränkungen, die unbehandelt bis zur totalen Gelenksteife führen können.

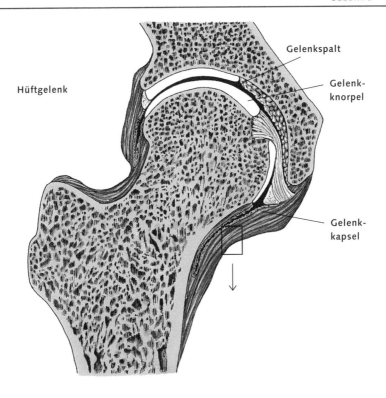

Hüftgelenk

Gelenkspalt

Gelenk-
knorpel

Gelenk-
kapsel

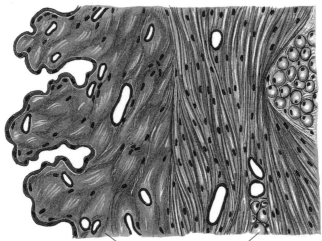

Gelenkschleimhaut   Äußere Bindegewebskapsel

Gelenkkapsel

Gelenkformen

Die Bewegungsmöglichkeiten und die Funktion eines Gelenks werden durch die jeweilige Gelenkform festgelegt. Wir unterscheiden demnach mehrere Formen, die Bewegungen entweder nur in einer Ebene des Raumes, z. B. Beugen und Strecken, oder gar in drei Ebenen des Raumes zulassen (Beugen-Strecken, Anspreizen-Abspreizen, Innen- und Außendrehung):

❶ **Kugelgelenke:**
- kugelförmiger Gelenkkopf und die dazu passende Pfanne
- 6 Hauptbewegungsrichtungen sind möglich
- Beispiel: Schultergelenk, Hüftgelenk

❷ **Rad-, Zapfengelenk:**
- ein zapfenartiger Gelenkkörper liegt in einer Rinne oder einem ringförmigen Skelettelement
- 2 Hauptbewegungsrichtungen sind möglich
- Beispiel: 1. und 2. Halswirbel (Atlas und Axis), Elle und Speiche

❸ **Scharniergelenk:**
- ein walzenförmiger Gelenkkörper liegt in der rinnenförmigen Pfanne
- 2 Hauptbewegungsrichtungen sind möglich
- Beispiel: Ellenbogengelenk

❹ **Sattelgelenk:**
- besteht aus je einer konvexen und einer konkaven Gelenkfläche
- 4 Hauptbewegungsrichtungen sind möglich
- Beispiel: Daumensattelgelenk

❺ **Eigelenk:**
- ellipsenförmige Gelenkkörper mit einer hohlen (konkaven) und einer runden (konvexen) Gelenkfläche
- 4 Hauptbewegungsrichtungen sind möglich
- Beispiel: Handgelenk

Plane Gelenke:
- flache Gelenkflächen
- nur leichte Verschiebebewegungen möglich
- Beispiel: Wirbelgelenke

Straffe Gelenke:
- durch feste straffe Bänder wird die Beweglichkeit der Gelenke so stark eingeschränkt, daß lediglich ganz leichte Wackelbewegungen möglich sind
- Beispiel: Kreuz-Darmbeingelenke, oberes Gelenk zwischen Schienbein und Wadenbein

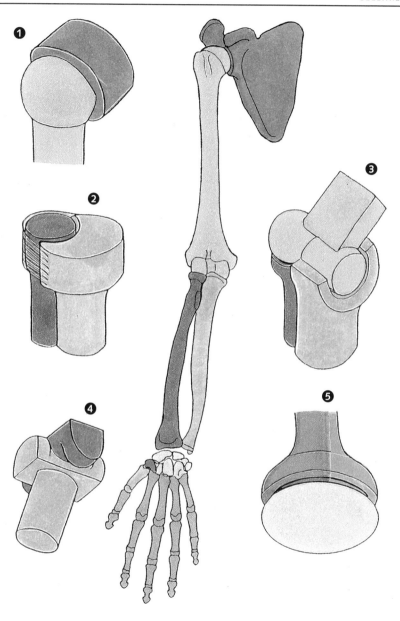

Gelenkschaden

Verschleißbedingte Gelenkerkrankungen gehen immer mit einer Schädigung der Schutz- und Gleitschicht, des Knorpels, einher. Mit zunehmendem Alter verschlechtert sich die Ernährungssituation des Knorpels. Insbesondere die Gelenkschleimhaut unterliegt Alterungsprozessen. Diese führen dazu, daß sich die von ihr produzierte Gelenkflüssigkeit sowohl quantitativ als auch qualitativ verändert und der Knorpel nicht mehr optimal mit Nährstoffen versorgt werden kann.

Bereits im mittleren Lebensalter kommt es zu Alterungsvorgängen im Knorpel selbst. Seine chemische Zusammensetzung ändert sich, so daß seine Fähigkeit, Wasser aufzunehmen und zu binden, nachläßt. Die Folge ist eine verminderte Belastbarkeit und Widerstandsfähigkeit gegen Druckkräfte. Diese Veränderungen sind rein alters- und nicht belastungsbedingt und verursachen in der Regel keine Schmerzen.

Knorpel kann aber nicht nur durch normale Alterungsprozesse geschädigt werden, sondern auch durch Medikamente (z. B. Cortison), Fehl- und Überbelastungen sowie durch Ruhigstellung eines Gelenks (z. B. Gipsbehandlung).

Durch den Einfluß der Alterungsvorgänge und die damit häufig verbundene Fehl- und Überbelastung des Knorpels beginnen die oberflächlichen Knorpelschichten einzureißen und aufzufasern und verlieren ihre glatte Struktur ❶. Der Gelenkverschleiß, die Arthrose, beginnt, bis im Endstadium der Arthrose der Gelenkknorpel nahezu komplett aufgerieben ist und Knochen auf Knochen reibt ❷, ❸.

Der Arthroseschmerz wird aber nicht durch die Zerstörung des Knorpels, sondern durch die begleitende Schleimhautentzündung hervorgerufen. Die Gelenkschleimhaut wird durch die Knorpelabriebteilchen gereizt und antwortet mit einer entzündlichen Reaktion. Diese äußert sich in Gelenkschwellungen, Ergußbildungen, zunehmenden Gelenkeinsteifungen und Schmerzen.

Ablauf der Arthrose:

❶ Auffaserung der oberflächlichen Knorpelschichten durch mechanische, innere oder medikamentöse Einflüsse.

❷ Zunahme des Knorpelabriebs mit Zerstörung auch der tiefer gelegenen Knorpelschichten.

❸ Zerstörung aller Knorpelschichten bis auf den Knochen.

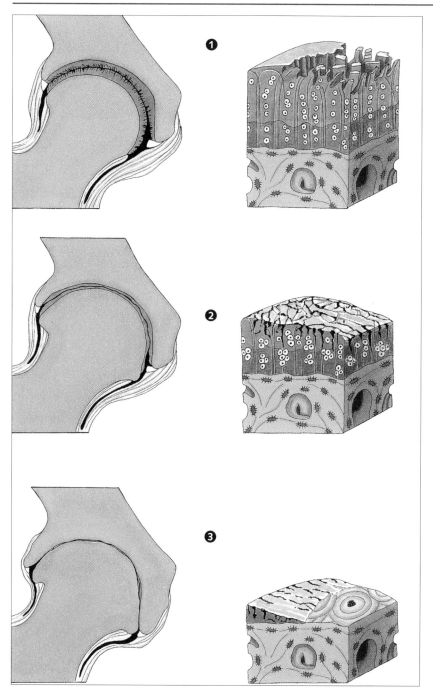

ARTHROSE

Die Arthrose entwickelt sich immer dann, wenn es zu einem Mißverhältnis zwischen der Belastung und Belastbarkeit eines Gelenks kommt, d. h. wenn die Belastung die Widerstandsfähigkeit des Gewebes überschreitet. Dies ist z. B. immer dann der Fall, wenn eine Kraft nur sehr punktuell auf eine Gelenkfläche trifft und nicht gleichmäßig auf eine größere Fläche verteilt wird. Umgreift die Hüftpfanne beispielsweise den Hüftkopf nicht vollständig, kommt es an den kleinen Kontaktstellen zwischen Kopf und Pfanne zu Druckspitzen und Knorpelüberlastungen. Ähnlich stellt sich die Situation am Kniegelenk dar. Während die sogenannte Trag- oder Belastungsachse des Beines, die vom Mittelpunkt des Hüftkopfes zum oberen Sprunggelenk gezogen wird, bei geraden Beinachsen mittig durch das Kniegelenk verläuft und dieses gleichmäßig belastet wird ❷, kommt es beim O-Bein zu einer Überlastung der Innenseite des Kniegelenks ❸ und beim X-Bein zu einer Fehl- und Überbelastung der Außenseite ❶.

Es werden die primären von den sekundären Arthrosen unterschieden. Bei den primären Arthrosen liegt eine Minderwertigkeit des Knorpelgewebes selbst vor. Die sekundären Arthrosen entwickeln sich auf dem Boden von Ernährungsstörungen, Fehlbelastungen, Verletzungen und Entzündungen.

Ablauf der Arthose:
1. Überschreitung der Belastbarkeit des Gelenkknorpels

2. Elastizitätsverlust des Gelenkknorpels
3. Abrieb und Zerstörung der obersten Knorpelschichten
4. Verdichtung des direkt unter dem Knorpel liegenden Knochens, um die höhere Last durch eine Aussteifung abzufangen.
5. Ausbildung von knöchernen Randwülsten (Osteophyten) als hilfloser Versuch des Knochens, die kraftaufnehmende Fläche zu vergrößern.

Symptome der Arthrose:
1. Schmerz
2. Schwellung
3. Muskelverspannung
4. Bewegungseinschränkung
5. zunehmende Deformität

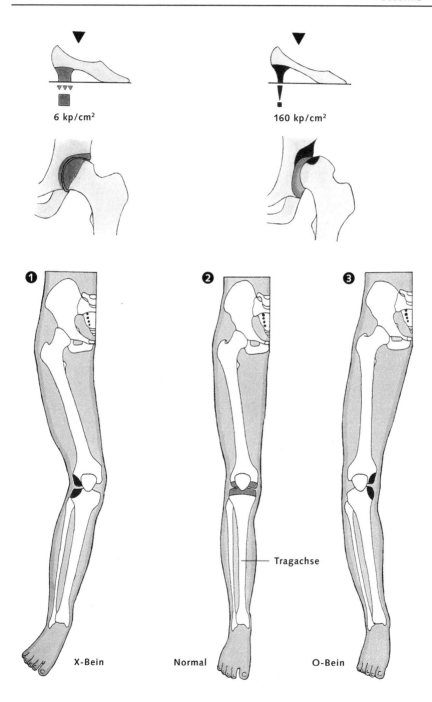

6 kp/cm²

160 kp/cm²

❶ X-Bein

❷ Normal

❸ O-Bein

Tragachse

MUSKELN

Die quergestreiften Skelettmuskeln und deren sogenannte Hilfsorgane, die Sehnen, Schleimbeutel, Sehnenscheiden und Sesambeine, bilden den aktiven Bewegungsapparat. Ein Skelettmuskel setzt sich in der Regel aus dem Muskelbauch und den Sehnen zusammen. Über die Sehnen wird der Muskel am Knochen befestigt. Man bezeichnet die beiden Enden des Muskels, an denen die Sehnen in den Knochen einstrahlen, als Ansatz und Ursprung eines Muskels. Der Ursprung ist immer das rumpfnahe (proximale) Ende und der Ansatz das rumpfferne (distale) Ende des Muskels. Am Rumpf selbst ist der Ursprung der kopfnahe (craniale) und der Ansatz der kopfferne (caudale) Anheftungspunkt.

Der Skelettmuskel wird von einer Muskelbinde (Faszie) umhüllt und besteht aus Muskelbündeln, die wiederum aus einer großen Zahl von Muskelfasern (Muskelzellen) zusammengesetzt sind.

Die entscheidenden Bestandteile der Muskelfaser sind die Myofibrillen. Diese Myofibrillen enthalten die Bestandteile des Muskels, die sich zusammenziehen können, die kontraktilen Elemente. Diese kontraktilen Elemente sind die sogenannten Myofilamente, das Aktin und das Myosin. Die kleinste Einheit der Myofibrillen ist das Sarkomer.

Quer zur Verlaufsrichtung der Myofibrillen, also der Aktin- und Myosinfilamente, verlaufen sogenannte Z-Scheiben, die die einzelnen Sarkomere voneinander trennen. An diesen Z-Scheiben sind die Aktinfilamente befestigt. Zwischen den Aktinfilamenten liegen in der Mitte des Sarkomers die Myosinfilamente, die sich mit ihren Enden zwischen die Aktinfilamente schieben. Aus dem «Schwanzteil» ragen in regelmäßigen Abständen die Myosinköpfchen hervor.

Bei der Verkürzung eines Muskels, der Muskelkontraktion, schieben sich die Myosinfilamente weit zwischen die Aktinfilamente, wodurch sich die Länge eines Sarkomers und damit die gesamte Muskellänge verringert. Dieser Vorgang wird dadurch ausgelöst, daß sich die Myosinköpfchen an die Aktinfilamente anheften und sie durch eine «Kipp-Ruderbewegung», vergleichbar mit dem Nicken des Halses, in die Sarkomermitte hineinziehen. Bei einer einzigen Nickbewegung verkürzt sich das Sarkomer jedoch nur um ca. 1 Prozent, so daß die Myosinköpfchen, ähnlich wie beim Einholen eines Seiles durch ständiges Nachfassen, ihre Bindung immer wieder lösen und neu abkippen müssen. Bei einer maximalen Muskelkontraktion wiederholt sich dieser Vorgang etwa 50 mal.

Muskelfasern können sich theoretisch um maximal 50 Prozent ihrer Ausgangslänge verkürzen. Normalerweise liegt die Verkürzung jedoch bei 25–30 Prozent. Diese Strecke kann durch Vordehnung des Muskels noch verlängert werden.

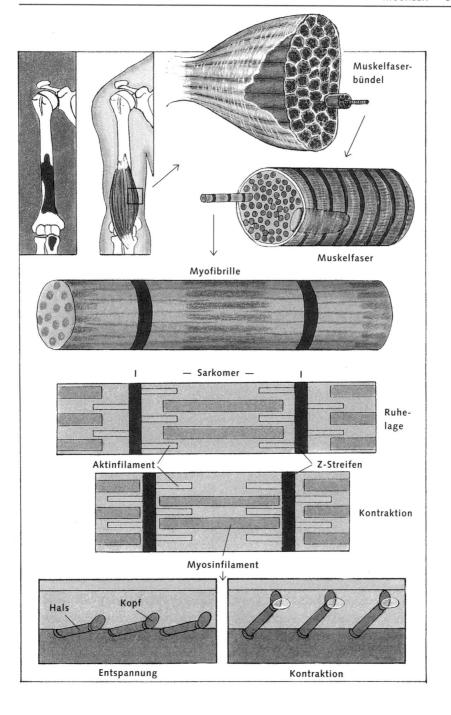

Muskelfaser-bündel

Muskelfaser

Myofibrille

I — Sarkomer — I

Ruhe-lage

Aktinfilament

Z-Streifen

Kontraktion

Myosinfilament

Hals

Kopf

Entspannung

Kontraktion

Muskelfasertypen

Man unterteilt die Muskulatur funktionell in verschiedene Gruppen. Im Sport ist es am zweckmäßigsten, sich die Unterteilung in *Halte- und Bewegungsmuskulatur* zu merken. Dabei wird die Haltemuskulatur als *tonisch* und die Bewegungsmuskulatur als *phasisch* bezeichnet.

Die tonische Muskulatur ist entwicklungsgeschichtlich älter, hat eine bessere Blutversorgung, ist ausdauernder und schwächt langsamer ab. Ein wesentlicher Nachteil ist, daß sie zu Verkürzungen neigt.

Die phasische Muskulatur ist schlechter durchblutet, ermüdet schneller und neigt nicht zur Verkürzung. Wird sie aber nicht regelmäßig trainiert, atrophiert sie sehr schnell. Ob ein Muskel zur phasischen oder tonischen Muskulatur gezählt wird, hängt von der Verteilung der unterschiedlichen Muskelfasertypen innerhalb eines Muskels ab.

Die Skelettmuskelfasern werden in 3 Typen unterteilt:

- die schnellen Zuckungsfasern (FT-Fasern, Typ-IIb-Fasern)
- die langsamen Zuckungsfasern (ST-Fasern, Typ-I-Fasern)
- die Zwischenform (Intermediärtyp, FTO-Fasern, Typ-IIa-Fasern)

Der Anteil schneller und langsamer Muskelfasern ist von Muskel zu Muskel unterschiedlich und individuell. Die Verteilung der einzelnen Muskelfasertypen scheint genetisch festgelegt zu sein («Sprintertyp», «Ausdauertyp»). Innerhalb eines Muskels lagern sich Muskelfasern vom gleichen Typ in variabler Zahl

in Gruppen zusammen. Neuere Untersuchungen zeigen, daß Athleten, die Sportarten mit zeitlich begrenzter und schneller Muskelarbeit betreiben, mehr schnelle weiße Zuckungsfasern haben, während Sportler mit Ausdauersportarten vermehrt rote Zuckungsfasern besitzen.

Es ist kein Muskel bekannt, in dem ausschließlich ein Fasertyp vorkommt. So sind im äußeren Oberschenkelstreckmuskel (M. vastus lateralis) etwa gleich viele schnelle und langsame Fasern vorhanden, während in Haltemuskeln, wie dem Rückenstrecker, der Anteil der langsamen Fasern bis zu 95 Prozent betragen kann.

Bis heute ist nicht bekannt, ob durch spezielles Training eine Umwandlung von einem Fasertyp in den anderen möglich ist. Offenbar kann nur der Entwicklungsgrad der beiden extremen Fasertypen beeinflußt werden. Die Umwandlung des Intermediärtyps in die eine oder andere Richtung wäre eine mögliche Erklärung für spezielle Trainingswirkungen.

Man hat festgestellt, daß die Faserverteilung eng mit der jeweiligen Nervenversorgung korreliert. Nach Trennung eines Nerven von schnell zuckenden Fasern und Anbindung an langsam zuckende Fasern ändert sich der Fasertyp schnell entsprechend der Nervenversorgung.

Zur Vermeidung von Muskelungleichgewichten (muskuläre Dysbalancen) ist es wichtig, die phasischen Muskeln zu kräftigen und die tonischen Muskeln zu dehnen! Ein wesentliches Problem der muskulären Dysbalancen ist, daß die verkürzten tonischen Muskeln die Innervation der phasischen Antagonisten stören und es dadurch zu einer weiteren Ausprägung des Muskelungleichgewichts kommt!

Muskelfasertypen

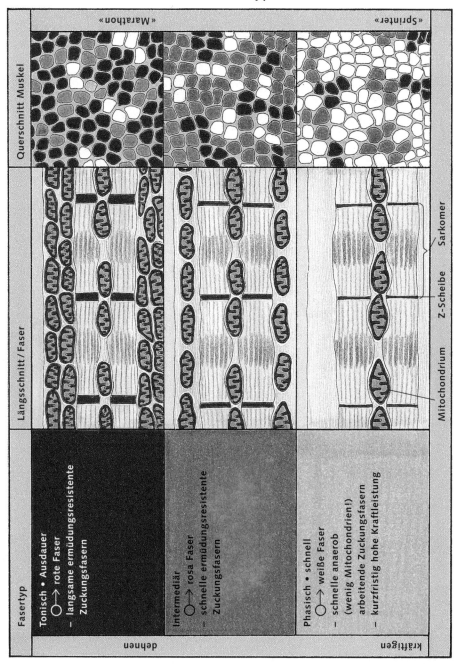

Querschnitt Muskel

«Marathon»

«Sprinter»

Längsschnitt / Faser

Sarkomer

Z-Scheibe

Mitochondrium

Fasertyp

Tonisch • Ausdauer
○—→ rote Faser
– langsame ermüdungsresistente
  Zuckungsfasern

Intermediär
○—→ rosa Faser
– schnelle ermüdungsresistente
  Zuckungsfasern

Phasisch • schnell
○—→ weiße Faser
– schnelle anaerob
  (wenig Mitochondrien!)
  arbeitende Zuckungsfasern
– kurzfristig hohe Kraftleistung

dehnen

kräftigen

Zur Verkürzung neigende Muskeln (tonisch)

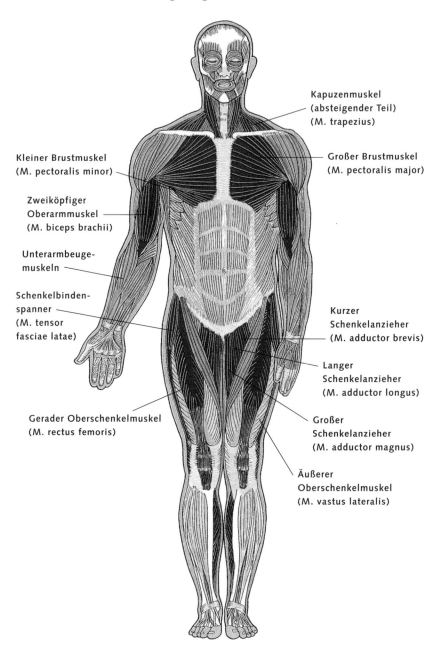

Kapuzenmuskel
(absteigender Teil)
(M. trapezius)

Kleiner Brustmuskel
(M. pectoralis minor)

Großer Brustmuskel
(M. pectoralis major)

Zweiköpfiger
Oberarmmuskel
(M. biceps brachii)

Unterarmbeuge-
muskeln

Schenkelbinden-
spanner
(M. tensor
fasciae latae)

Kurzer
Schenkelanzieher
(M. adductor brevis)

Langer
Schenkelanzieher
(M. adductor longus)

Gerader Oberschenkelmuskel
(M. rectus femoris)

Großer
Schenkelanzieher
(M. adductor magnus)

Äußerer
Oberschenkelmuskel
(M. vastus lateralis)

Zur Verkürzung neigende Muskeln (tonisch)

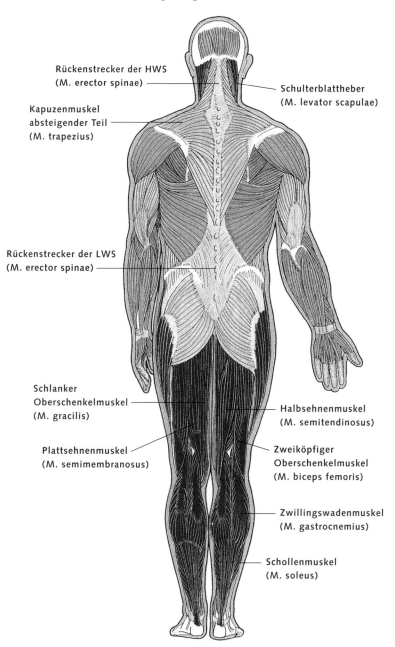

Rückenstrecker der HWS
(M. erector spinae)

Kapuzenmuskel
absteigender Teil
(M. trapezius)

Schulterblattheber
(M. levator scapulae)

Rückenstrecker der LWS
(M. erector spinae)

Schlanker
Oberschenkelmuskel
(M. gracilis)

Plattsehnenmuskel
(M. semimembranosus)

Halbsehnenmuskel
(M. semitendinosus)

Zweiköpfiger
Oberschenkelmuskel
(M. biceps femoris)

Zwillingswadenmuskel
(M. gastrocnemius)

Schollenmuskel
(M. soleus)

Zur Abschwächung neigende Muskeln (phasisch)

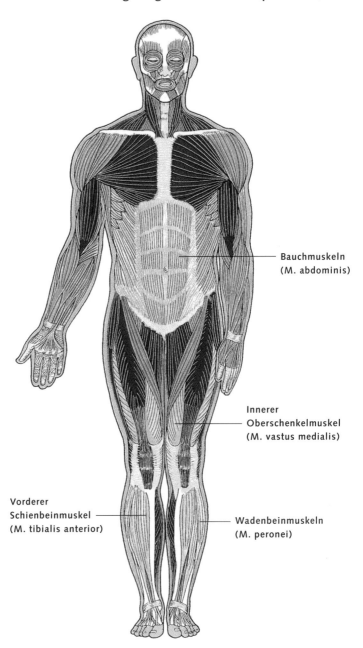

Bauchmuskeln
(M. abdominis)

Innerer
Oberschenkelmuskel
(M. vastus medialis)

Vorderer
Schienbeinmuskel
(M. tibialis anterior)

Wadenbeinmuskeln
(M. peronei)

Zur Abschwächung neigende Muskeln (phasisch)

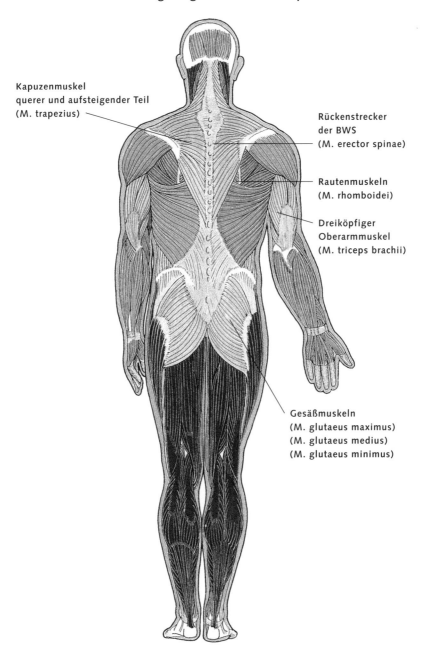

Kapuzenmuskel
querer und aufsteigender Teil
(M. trapezius)

Rückenstrecker
der BWS
(M. erector spinae)

Rautenmuskeln
(M. rhomboidei)

Dreiköpfiger
Oberarmmuskel
(M. triceps brachii)

Gesäßmuskeln
(M. glutaeus maximus)
(M. glutaeus medius)
(M. glutaeus minimus)

Muskelspindeln

Bei den Muskelspindeln handelt es sich um durchschnittlich 3 mm lange und 0,2 mm dicke Muskelfasern. Sie sind Spannungsfühler, die der Messung und Regulierung der Muskellänge dienen. Im Gegensatz zu den Muskelfasern der Arbeitsmuskulatur (extrafusale Fasern) werden sie als *intrafusale* Muskelfasern bezeichnet.

Die Muskelspindeln liegen in Verlaufsrichtung des Muskels parallel zu den Skelettmuskelfasern. Sie sind kürzer als normale Muskelfasern und bestehen aus ca. 3–6 Muskelfasern. Der Mittelteil dieser Muskelfasern enthält jedoch keine kontraktilen Elemente, kann sich also nicht zusammenziehen und ist nicht dehnbar. Kommt es nun zu einer Muskeldehnung, kann dieser Mittelteil die Dehnung nicht mitmachen und reagiert mit einer Meldung an die Zentrale (Rückenmark und Gehirn). Die Zentrale reagiert mit einer Art Schutzreaktion, indem sie die Muskeln veranlaßt, dieser Dehnung entgegenzuwirken. Um eine Überdehnung zu verhindern, zieht sich der Muskel reflexartig zusammen.

Motorische Einheiten

Der Nerv und die dazu gehörenden Muskelfasern werden als motorische Einheit bezeichnet. Setzen sich die motorischen Einheiten aus nur wenigen Muskelfasern zusammen, so bezeichnet man den Muskel als feinmotorisch (z. B. Augenmuskeln mit 5–10 Muskelfasern/Nerv). Gehören zu einer Einheit sehr viele Muskelfasern, spricht man von einem grobmotorischen Muskel (z. B. der Gesäßmuskel mit mehreren tausend Fasern pro Nerv).

Beispiel Kniescheibensehnenreflex: Klopft man mit einem Reflexhammer auf die Kniescheibensehne, wird der dazugehörige Streckmuskel des Oberschenkels kurzzeitig gedehnt und hierdurch die Muskelspindeln aktiviert, die durch ihre «Meldung» dafür sorgen, daß der Muskel sich reflexartig zusammenzieht und der Unterschenkel gestreckt wird.

Dauert die Dehnung eines Muskels jedoch zu lange oder überschreitet ein bestimmtes Maß, so wird der durch die Muskelspindeln ausgelöste Reflex unterdrückt. In diesem Falle werden die sogenannten Golgi-Organe aktiviert, die in den Sehnen liegen. Die Golgi-Organe sorgen dafür, daß die reflexartige Kontraktion bei Dehnung des Muskels unterbleibt und der Muskel noch weiter gedehnt werden kann. Diese Reaktion stellt einen Schutz der Sehne vor Zerreißung dar.

Hieraus läßt sich der Effekt der langsamen, gehaltenen Stretching-Methoden erklären: Wird die Dehnübung ruckartig, wippend ausgeführt, kommt es über die Aktivierung der Muskelspindeln immer wieder zu einer reflexartigen Kontraktion, also Verkürzung des Muskels. Bei der langsamen und gehaltenen Dehnung wird dieser Reflex unterdrückt, und über die Aktivierung der Golgi-Sehnenorgane läßt sich der Muskel noch besser dehnen.

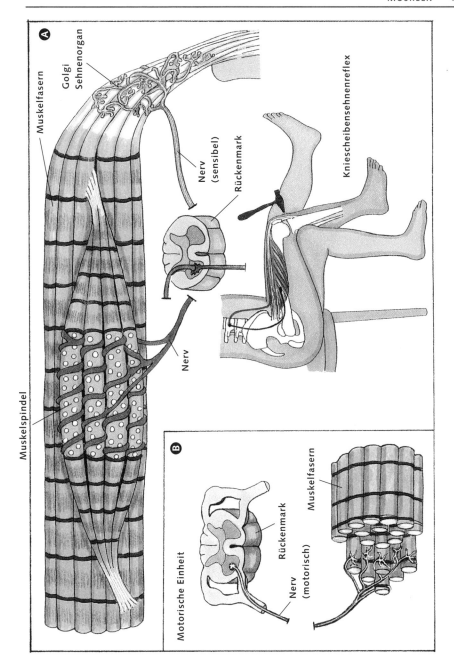

A

Muskelfasern

Golgi Sehnenorgan

Nerv (sensibel)

Rückenmark

Kniescheibensehnenreflex

Nerv

Muskelspindel

B

Motorische Einheit

Rückenmark

Nerv (motorisch)

Muskelfasern

Muskelform

Das Aussehen und die Form der verschiedenen Muskeln ist außerordentlich variabel. Grob lassen sich zwei Muskelformen unterscheiden: die spindelförmigen und die gefiederten Muskeln. Der spindelförmige Muskel kann sich deutlich mehr verkürzen als der gefiederte Muskel. Aus diesem Grunde befinden sich die spindelförmigen Muskeln überall dort, wo schnelle ausladende Bewegungen benötigt werden (M. biceps, M. triceps, M. quadriceps). Die gefiederten Muskeln sind dort zu finden, wo kleine, aber kraftvolle Bewegungen ausgeführt werden (M. latissimus dorsi, M. semimembranosus, M. rectus femoris). Zusätzlich lassen sich die gefiederten Muskeln noch in einfach und zweifach gefiederte Muskeln und die spindelförmigen in einköpfig, zweiköpfig (Bizeps), dreiköpfig (Trizeps) und vierköpfig (Quadrizeps) differenzieren. Weiterhin können zwei- und mehrbäuchige Muskeln unterschieden werden (gerader Bauchmuskel).

Muskelstoffwechsel

Bei der Muskelkontraktion gleiten die Aktinfilamente über die Myosinfilamente hinweg. Dieser Prozeß beruht auf einer sogenannten chemischen Brückenbindung zwischen Aktin und Myosin. Die Muskelkontraktion braucht als Energiequelle das Adenosintriphosphat (ATP) und das Calcium. Das ATP wird im Körper aus verschiedenen Brennstoffen aufgebaut, wie z. B. Fettsäuren oder Kohlenhydrate. Bei einer gleichmäßigen geringen Belastung werden diese Bestandteile mit Hilfe von Sauerstoff zu Kohlendioxid und Wasser abgebaut. Dies setzt aber eine ausreichende Zufuhr von Sauerstoff voraus, welcher beständig mit dem Blut herangeführt werden muß (aerober Stoffwechsel). Wird die Belastungsintensität größer, kann nicht mehr genug Sauerstoff herangeführt und zur Verfügung gestellt werden, und das ATP wird zu Milchsäure abgebaut (anaerober Stoffwechsel). Eine kontinuierliche Anhäufung von Milchsäure führt jedoch zu einer schnelleren Ermüdung des Muskels, so daß dieser die hohe Belastungsintensität nur für einen begrenzten Zeitraum aufrechterhalten kann. Langstreckenläufer müssen also möglichst lange eine aerobe Stoffwechsellage halten, um die Muskeln nicht zu schnell ermüden zu lassen, während Kurzstreckler (100–400 m) fast ausschließlich anaerob arbeiten können, da ihr Lauf beendet ist, bevor die durch Milchsäureanhäufung bedingte Muskelermüdung eintritt.

Neben dem ATP ist das Calcium unbedingt für die Anheftung der Myosinköpfchen an die Aktinfilamente erforderlich. Das Calcium befindet sich im erschlafften Zustand des Muskels in einem speziellen Röhrensystem (sarkoplasmatisches Retikulum) des Muskels und wird bei einer Muskelreizung explosionsartig ausgeschüttet. Das ATP hat zudem die Aufgabe, die Myosinköpfe von den Aktinfilamenten zu lösen («Weichmacherfunktion») und die Myosinköpfe ähnlich wie eine Feder für die neue Kippbewegung zu spannen.

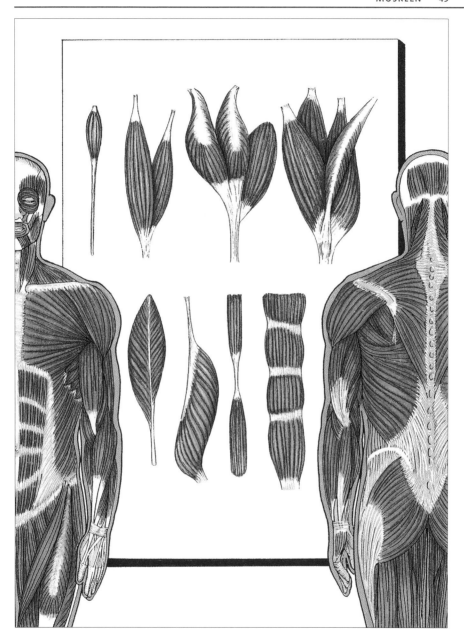

Kontraktionsformen des Muskels

Bei der **dynamischen Muskelarbeit** kommt es zu einer Verkürzung des Muskels, wobei sich Ursprung und Ansatz des Muskels aneinander annähern (**isotonische Kontraktion**). Dabei wird die konzentrische von der exzentrischen Muskelarbeit unterschieden. Nähern sich Ursprung und Ansatz des Muskels an und verkürzt sich dabei der Muskel, ohne seine Spannung zu verändern, spricht man von konzentrischer Muskelarbeit. (Beispiel Klimmzug: Um den Körper an der Reckstange hochzuziehen, muß der Oberarm gebeugt werden. Der Bizeps arbeitet **konzentrisch.**) Wird ein Muskel auseinandergezogen, also während sich Ansatz und Ursprung des Muskels voneinander entfernen, versucht der Muskel, die Bewegung abzubremsen. In diesem Falle spricht man von einer **exzentrischen Kontraktion**. (Beispiel: Wird der Körper nach einem Klimmzug wieder herabgelassen, bremst der Bizeps durch seine Kontraktion die Bewegung ab.)

Bei der **statischen Muskelarbeit** kontrahiert der Muskel **isometrisch.** Hierbei verkürzt sich der Muskel gar nicht oder nur minimal. Er wird also angespannt, ohne seine Länge zu verändern. (Beispiel: Bleibt man während des Klimmzuges in einer bestimmten Höhe hängen und verharrt einige Zeit in dieser Position, leistet der Muskel statische Arbeit und verkürzt sich isometrisch.)

Die maximale isometrische Kontraktion überwiegt in der Kraftentwicklung gegenüber der konzentrischen isotonischen Kontraktion deutlich. Dies um so mehr, je schneller die Bewegung ist.

Dieses Phänomen ist damit zu erklären, daß bei der isometrischen Kontraktion alle Bindungen zwischen den Myosinköpfen und den Aktinfilamenten gleichzeitig eingegangen werden und ein Nachfassen der Köpfe wie bei der isotonischen Verkürzung nicht erforderlich ist.

Bei der exzentrischen Muskelarbeit ist der Muskel jedoch in der Lage, noch einmal 40 Prozent mehr Kraft zu entwickeln als bei maximaler statischer Arbeit.

Dynamische Muskelarbeit

Statische Muskelarbeit

Muskelveränderungen

Wird ein Muskel längere Zeit nicht beansprucht oder beispielsweise nach einer Verletzung ruhiggestellt, kommt es zu einem Abbau der Muskelmasse, dem sogenannten Muskelschwund oder der *Muskelatrophie*. Hiervon ist die «normale» (physiologische) Atrophie des Muskels im Alter abzugrenzen. Die Produktion des Testosterons, des Hormons, das für den Muskelaufbau zuständig ist, sinkt beim älteren Menschen um etwa ein Drittel; die Muskeln werden dünner, und das Eiweiß wird zunehmend durch Fettgewebe ersetzt. Die Folge ist ein Abfall der Maximalkraft ab dem 30. Lebensjahr.

Wird ein Muskel durch sportliche Betätigung regelmäßig beansprucht, kommt es zu einer Zunahme seines Querschnitts (*Muskelhypertrophie*), d. h. er wird dicker. Diese Volumenzunahme betrifft jedoch durch Zunahme und Verdickung der kontraktilen Filamente (Myosin und Aktin) nahezu ausschließlich die Muskelfaser selbst. Die Zahl der Muskelfasern (Hyperplasie) nimmt hingegen normalerweise nicht zu. Während das isometrische (Kraft-)Muskeltraining vorwiegend zu einer Verdickung der Muskelfasern und einer Vermehrung des zwischen den Muskelfasern liegenden Bindegewebes führt, kommt es beim isotonischen (Ausdauer-)Muskeltraining nur zu einer geringen Dickenzunahme des Muskels, aber dafür zu einer Verbesserung der Durchblutung durch Erweiterung des kapillären Blutgefäßsystems (Kapillarisierung).

Funktionelle Muskelgruppen

Agonisten:
Muskeln, die eine gewünschte Bewegung ausführen, z. B. der M. biceps bei der Beugung des Armes im Ellbogengelenk.
Antagonisten:
Muskeln, die die im Verhältnis zum Agonisten entgegengesetzte Bewegung ausführen, z. B. ist der M. triceps der Strecker des Armes im Ellbogengelenk und somit der Antagonist des M. biceps.
Synergisten:
Muskeln, die die Bewegung des Agonisten unterstützen. So unterstützen der Oberarmmuskel (M. brachialis) und der Oberarmspeichenmuskel (M. brachioradialis) den M. biceps bei der Beugung des Armes im Ellbogengelenk.

Die Übersetzung «Spieler» und «Gegenspieler» für Agonist und Antagonist ist irreführend, da eine weiche, runde Bewegung nur funktionieren kann, wenn Agonist und Antagonist zusammenarbeiten, d. h. der die Bewegung ausführende Muskel muß sich verkürzen, und der Agonist muß gleichzeitig in seiner Spannung nachlassen. Läuft dies nicht entsprechend koordiniert und harmonisch ab, werden Bewegungen unkontrolliert und eckig.

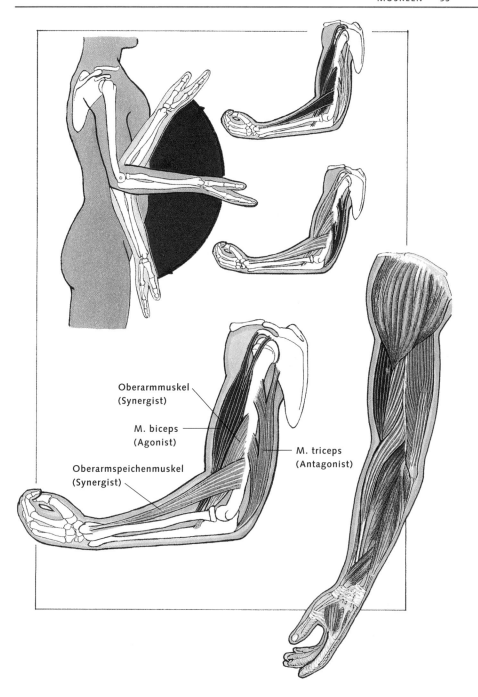

Oberarmmuskel
(Synergist)

M. biceps
(Agonist)

M. triceps
(Antagonist)

Oberarmspeichenmuskel
(Synergist)

MUSKELVERLETZUNGEN

Muskelverletzungen können sowohl exogen, d. h. durch von außen einwirkende Gewalteinwirkung, als auch endogen durch Überschreitung der muskulären Dehnbarkeit auftreten. Die Muskelverletzungen machen etwa $\frac{1}{3}$ aller im Sport auftretenden Verletzungen aus, wobei jeder 4. Sportler im Laufe eines Jahres einmal von einer solchen Verletzung betroffen sein soll. Das Spektrum der Muskelverletzungen reicht vom Muskelkrampf über den Muskelkater bis hin zum kompletten Muskelriß. Gemeinsam ist allen diesen Verletzungen die Überdehnung einzelner Muskelstrukturen, weshalb sie auch unter dem Oberbegriff Muskeldehnungsverletzungen zusammengefaßt werden.

Die Gründe für diese Verletzungen können sehr unterschiedlich sein. Meist liegt ihnen jedoch eine Überlastung ungenügend trainierter Muskulatur, unkoordinierte Bewegung sowohl zwischen den einzelnen Muskeln (intermuskuläre Koordination) als auch der Muskelfasern innerhalb eines Muskels untereinander (intramuskuläre Koordination) zugrunde. Die Muskelverletzung durch indirekte Gewalteinwirkung ist wesentlich häufiger als direkte Verletzungen im Sinne von Prellungen bei Stoß oder Schlag (z. B. «Pferdekuß»). Die Mehrzahl der Muskelverletzungen ereignet sich beim schnellen Antritt, bei Aufschlagbewegungen, beim Absprung oder bei unkoordinierten Bewegungen.

Muskelverletzungen treten besonders häufig bei folgenden Sportarten auf:

- Ballsportarten (Fußball, Handball, Volleyball, Basketball)
- Leichtathletik (Läufer, Springer, Werfer)
- Racketsportarten (Tennis, Squash)
- Kraftsport (Bodybuilding, Gewichtheben)

Muskelkrampf

Ursache: Krämpfe entstehen vermutlich als Folge eines chemischen Ungleichgewichtes in der Muskulatur. So führt Mangel an Magnesium zu einer verminderten Produktion von ATP, welches als «Weichmacher» der Bindung der Myosinköpfchen an das Aktin gilt. Bei Magnesiummangel können demzufolge nicht genügend Myosin-Aktin-Verbindungen voneinander gelöst werden. Die betroffenen Muskelfasern bleiben verkürzt bzw. verkrampft. Auch Kaliummangel verursacht eine andauernde Verkrampfung des Muskels, da das Kalium dafür verantwortlich ist, daß der Muskel aus dem aktiven Zustand in seine Ruhelage zurückkehrt. Vitamin-Mangelzustände (z. B. Vitamin B) können die Krampfbereitschaft eines Muskels erhöhen. Sehr häufig treten Krämpfe nachts auf. Dies liegt daran, daß die Muskelspindeln in einem übersäuerten oder chemisch unausgewogenen Muskel wahrscheinlich empfindlicher auf Dehnreize reagieren, so daß schon kleinste Dehnreize im Schlaf die Muskelspindeln überreagieren und den Muskel verkrampfen lassen.

Therapie: Das Dehnen der verkrampften Muskulatur, wie es immer wieder im professionellen Bereich und im Hochleistungssport zu beobachten ist, ist nicht unproblematisch. Im Krampfzustand ist der Muskel minderdurchblutet und damit in seiner Dehnbarkeit eingeschränkt, so daß durchaus eine Muskeldehnungsverletzung die Folge sein kann. Besser wären der Elektrolytausgleich und muskelentspannende Maßnahmen wie Wärmezufuhr oder leichte Oberflächenmassage.

Muskelkater

Ursache: Der Muskelkater tritt immer dann auf, wenn es aufgrund von ungewohnten Bewegungsabläufen oder wegen Muskelermüdung zu einem Verlust der intra- oder intermuskulären Koordination kommt. Die daraus resultierenden unkoordinierten Muskelkontraktionen führen zu mikroskopisch kleinen Verletzungen (Mikrotraumen) in den Muskelfibrillen (Zerreißung der Z-Streifen). Besonders nachgebende (exzentrische) Muskelkontraktionen führen häufig zu Muskelkater. Die Folge der Miniverletzungen ist Wasserbildung (Ödeme) im Muskel. Es kommt zum Austritt schmerzauslösender Substanzen (Mediatoren) in den Raum zwischen den einzelnen Muskelfasern (Extrazellularraum), die wiederum zu einer schmerzhaften reflektorischen Verspannung des Muskels führen.

Therapie: Warme Bäder, leichte Massage und moderate aktive Muskelarbeit lösen die Muskelverspannung.

Prophylaxe: Regelmäßiges Training. Ein gut trainierter Körper ist besser in der Lage, auf exzentrische Muskelbelastungen zu reagieren. Nach dem Training ein sogenanntes Cool down durchführen, d. h. durch Auslaufen den Abtransport der Abfallstoffe aus dem Muskel beschleunigen.

Muskelprellung

Ursache: Sie entsteht bei Gewalteinwirkung von außen durch Tritt, Schlag oder Stoß. Dabei wird die Prellung mit und ohne Gewebsdefekt unterschieden. Die Prellung ohne Gewebsdefekt zeigt nur geringe Rötung, Schwellung und Schmerzen. Diese sind nur von kurzer Dauer und verschwinden nach wenigen Minuten wieder. Das Kennzeichen der Prellung mit Gewebsdefekt ist der Bluterguß (Hämatom, Blauer Fleck). Die Läsion kann vom einfachen Bindegewebsdefekt bis zum kompletten Muskelriß reichen.

Therapie: Kühlung, Hochlagerung, Ruhigstellung, Kompressionsverband. Jede Form der Massage ist wegen der Gefahr der Verkalkung des Blutergusses schädlich und muß unterlassen werden!!!

Muskelfaserriß – Muskelriß

Diese beiden Verletzungsformen unterscheiden sich lediglich quantitativ, d. h. in der Anzahl der gerissenen Muskelfasern voneinander.

Typisch für diese Verletzung ist der plötzlich einschießende Schmerz, der von dem Betroffenen als Peitschenhieb, Stockschlag oder Messerstich charakterisiert wird. Meistens ist im gerissenen Muskel an der Rißstelle eine Delle zu tasten, begleitet von einer Schwellung ober- und unterhalb des Muskelbauches. Es kommt immer zu einer ausgeprägten Hämatombildung (Bluterguß).

Therapie: Kühlen, Druckverband, Hochlagern. Sportpause beim Muskelfaserriß für 5–6 Wochen, dann vorsichtige Wiederaufnahme des Trainings. Keine Massage!!! Bei ausgedehnten Rissen muß unter Umständen operativ vorgegangen werden.

Praxistip: Direkt nach der Verletzung Druckverbände mit in Eiswasser getauchten elastischen Binden, die jeweils ca. 20 Minuten angewickelt und dann gewechselt werden. Diese Prozedur bis zu 6 Stunden durchführen und dann mit Salbenverbänden fortsetzen. Mit leichten Belastungen erst nach frühestens 2 Wochen beginnen.

Sehnen

Die Sehnen übertragen die Kräfte vom Muskel auf das Skelett und umgekehrt. Ihre Form variiert zum Teil beträchtlich. Während die Sehnen der Hand- und Fußmuskeln sehr lang und schmal sind, haben die Muskeln der Rumpfwand häufig sehr flache, breite Sehnen (Aponeurosen). Andere Sehnen wiederum sind so kurz, daß sie mit bloßem Auge kaum sichtbar sind und man den Eindruck hat, daß der Muskel direkt in den Knochen übergeht. In diesen Fällen (z. B. Gesäßmuskulatur, Brustmuskel) spricht man von «fleischigen Ursprüngen und Ansätzen» des jeweiligen Muskels.

Sehnen bestehen aus straffem kollagenfasrigem Bindegewebe (Typ I). In langen Sehnen sind die Kollagenfaserbündel in Zugrichtung der Sehne angeordnet. Die Kollagenfasern verlaufen schraubenförmig und gewährleisten so eine gewisse Dehnungsreserve. Die Dehnfähigkeit der Sehnen liegt bei ca. 4 Prozent. Die Kollagenfasern sind für die Zugfestigkeit der Sehnen verantwortlich. Die Zugfestigkeit von Sehnen wird zwischen 50 und 100 N/mm angegeben. Die großen Sehnen wie die Achillessehne oder die Quadrizepssehne sind in der Lage, Zugkräfte von mehr als 1000 kp auszuhalten.

In Aponeurosen – das sind breite, flächenförmige Sehnenspiegel – verlaufen die Kollagenfasern scherengitterartig. Die Fibrillen einer Sehne werden durch lockeres Bindegewebe zu Bündeln zusammengefaßt.

Die Sehnen werden von einem gut durchbluteten Gleitgewebe umgeben (Peritendineum).

Man unterscheidet Zugsehnen und Gleitsehnen. Die Zugsehnen verlaufen kontinuierlich in Verlängerung des Muskels und werden somit nur auf Zug beansprucht. Die Gleitsehnen verlaufen nicht in direkter Verlängerung des Muskels, sondern werden – wie beispielsweise die lange Bizepssehne um den Oberarmkopf – über einen Knochen wie über eine Rolle umgeleitet (Hypomochlion). Sie werden dabei sowohl auf Druck als auch auf Zug beansprucht. In der druckbelasteten Zone der Gleitsehnen befinden sich deshalb Knorpelzellen.

Eine gesunde Sehne kann unter normalen (physiologischen) Belastungen nicht reißen.

Sehnenrisse treten fast ausschließlich in bereits vorgeschädigten Sehnen auf. Durch kontinuierliche Über- und Fehlbelastungen verliert die Sehne an Elastizität und wird brüchig. Besonders häufig sind hiervon Sehnen betroffen, die schon in gesundem Zustand schlecht durchblutete Anteile besitzen wie die Achillessehne und die Obergrätensehne (Supraspinatussehne) an der Schulter. Der Verschleißprozeß zieht sich meistens über Jahre hin, bis die Sehne bei einer Alltagsbelastung sozusagen «aus heiterem Himmel» reißt.

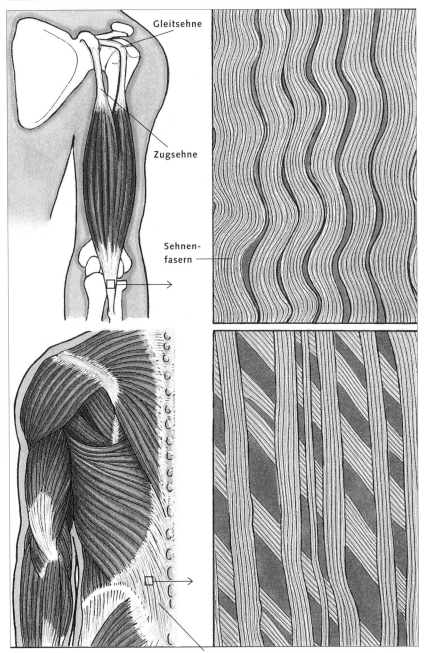

Gleitsehne

Zugsehne

Sehnen-
fasern

Sehnenspiegel
(Aponeurose)

Sehnenansatzzone

Die Sehnenansatzzone ist der Bereich, in dem die Sehne in den Knochen übergeht. Diese Zone ist häufig das schwächste Glied in der Kette von Knochen–Sehne–Muskel. Gerade im Sport ist es die Region, an der sich die Überlastungserscheinungen in Form von belastungsabhängigen Beschwerden und im fortgeschrittenen Stadium auch durch Ruheschmerzen bis hin zu knöchernen Sehnenausrissen manifestieren. Die Sehnenansatzzone hat die wichtige Aufgabe, die unterschiedlichen mechanischen Eigenschaften von Sehne und Knochen in einem fließenden Übergang einander anzugleichen. Während die Zugfestigkeiten von Sehne und Knochen zwar annähernd gleich groß sind, unterscheiden sich diese beiden Strukturen hinsichtlich der Elastizität erheblich. Die Sehne ist 10mal elastischer als der Knochen. Damit sich diese unterschiedlichen Elastizitätseigenschaften jedoch schrittweise aneinander annähern, hat sich die Natur einen Trick ausgedacht. Folgende vier Zonen am Sehnenansatz sorgen dafür, daß sich die elastische Sehne dem unelastischen Knochen anpaßt:

❶ Sehne
❷ unverkalkte Knorpelzone
❸ verkalkte Knorpelzone
❹ Knochen

Dabei dienen die zwischen den Sehnenfasern liegenden Knorpelzellen als eine Art Stoßdämpfer, die die schraubenförmig um sie herum verlaufenden kollagenen Fasern weich abfangen, wenn diese sich bei Muskelzug strecken. Durch diesen speziellen Aufbau kommt es bei einer Muskelkontraktion zu einem allmählichen Übergang von der relativ elastischen Sehne auf den unelastischen Knochen.

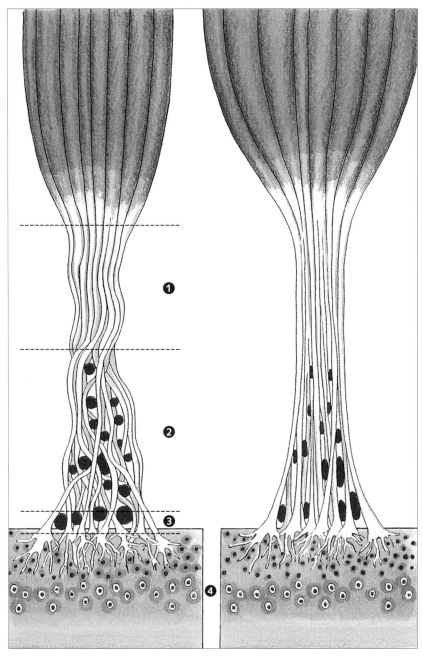

Muskel erschlafft   Muskel kontrahiert (Sehne gedehnt)

SEHNENERKRANKUNG (TENDOPATHIE)

Die Sehne kann an drei Stellen geschädigt werden:

1. Am Übergang vom Knochen in die Sehne (Insertionstendopathie)
2. Im Verlauf der Sehne selbst (Tendinitis)
3. Am Übergang von der Sehne in den Muskel

Ursache sind falsche Bewegungsabläufe oder -muster, die sich über Jahre eingeschliffen haben, und muskuläre Ungleichgewichte (muskuläre Dysbalancen), die zur Überlastung einzelner Sehnen führen.

Sehnenriß

Ursache:
Ein Sehnenriß entsteht immer dann, wenn ein Mißverhältnis zwischen Belastbarkeit und tatsächlicher Beanspruchung vorliegt. Die Verletzungsanfälligkeit der Sehnen beruht auf dem Umstand, daß infolge eingeschränkter Blutversorgung der Sehne Verschleißveränderungen entstehen, welche die mechanische Zerreißgrenze der Sehne bereits bei 20–30jährigen Sportlern herabsetzen.

Symptome:
Plötzlich einsetzender Schmerz mit Funktionsverlust des zur Sehne gehörenden Muskels. Deutlich ist die entstandene Delle und die Wulstbildung im Muskel zu erkennen. Am häufigsten sind die Achillessehne und die Sehne des Bizepsmuskels am Oberarm betroffen.

Therapie:
Ruhigstellung, Hochlagerung und Kühlung. Der frische Sehnenriß oder -abriß einer großen oder funktionell bedeutenden Sehne wird in der Regel operativ versorgt (Ausnahme: lange Bizepssehne).

Die Sehnenansatzzonen sind als schwächstes Glied der Kette Muskel – Sehne – Knochen besonders anfällig gegenüber Fehl- und Überbelastungen. Sie reagieren beispielsweise bei muskulären Ungleichgewichten (muskulären Dysbalancen) mit Veränderungen ihrer Struktur, die wiederum zu einer Art Entzündung in diesem Bereich führen. Man bezeichnet diese Veränderungen als Sehnenansatzerkrankung (Insertionstendinose). Besonders häufig sind diese Probleme bei Sportlern zu finden. Schon die Bezeichnung der einzelnen Sehnenansatzerkrankungen läßt häufig auf den ursächlichen Zusammenhang mit dem Sport schließen: Tennisarm (Ellbogen), Werfer- oder Golferarm (Ellbogen), Tennisbein (Wade), Springer-Knie (Kniescheibe) usw.

Symptome:

Der Sportler spürt anfänglich lediglich ein leichtes Ziehen in der betroffenen Region nach sehr intensiver Belastung, das bald aber wieder verschwindet (Stadium I).

Im Stadium II tritt das leichte Ziehen während einer normalen sportlichen Belastung auf. Das Stadium III ist gekennzeichnet durch Schmerzen zu Beginn der Belastung, die während der Belastung jedoch wieder schwächer werden und nach Beendigung wieder für eine gewisse Zeit deutlich zunehmen.

Im Stadium IV werden die Schmerzen schon nach kurzer Zeit so stark, daß das Training abgebrochen werden muß. Stadium V läßt schließlich keine sportliche Betätigung mehr zu, da hier ein ständiger Ruheschmerz vorliegt, von dem die Patienten auch nachts häufig aufwachen. Kommt es zum Riß der Sehne (Stadium VI), so muß in den meisten Fällen operativ vorgegangen werden.

Therapie:

Die Therapie der frühen Stadien besteht in Kühlung, gezielter Dehnung der verkürzten und gleichzeitiger Kräftigung der abgeschwächten Muskulatur bei muskulären Dysbalancen sowie Ruhigstellung bzw. Schonung des betroffenen Bezirkes. Später sollten gezielte krankengymnastische Techniken (z. B. Querfriktionsmassage) angewendet werden und, wenn erforderlich, Injektionen mit Cortison in begrenzter Anzahl und nur in ein-, besser zweiwöchigen Abständen gegeben werden. Dabei muß streng darauf geachtet werden, daß das Cortison nicht direkt in die Sehnen hineingespritzt werden darf, sondern nur an die Sehne heran. Bei Cortisoninjektionen in das Sehnengewebe bestünde die Gefahr, daß diese abstirbt, ihre Elastizität verliert und reißt.

Hilfsorgane der Muskeln und Sehnen

Als sogenannte Hilfsorgane der Muskeln und Sehnen werden diejenigen Strukturen bezeichnet, die dabei helfen, den Muskel in seine Umgebung einzubauen, und dafür sorgen, daß die Muskeln sich möglichst reibungsfrei gegeneinander bewegen. Dadurch werden die durch Reibung entstehenden Kraftverluste auf ein Minimum reduziert. Diese Aufgaben erfüllen die bindegewebigen Muskelhüllen, die Sehnenscheiden, die Schleimbeutel und die sogenannten Sesambeine.

Sehnenscheiden:

Sehnenscheiden treten immer dort auf, wo Sehnen aus ihrer Verlaufsrichtung ab-gelenkt werden oder unmittelbar dem Knochen anliegen. Außerdem finden wir sie an Orten, an denen sich mehrere Sehnen auf engstem Raum nebeneinander befinden, wie dies an den Händen und Fingern sowie an den Füßen und Zehen der Fall ist. Im Wandaufbau gleicht die Sehnenscheide der Gelenkkapsel mit äußerer fester Bindegewebsschicht und innerer lockerer Schleimhautschicht, die die Sehnenscheidenflüssigkeit produziert und auch wieder aufnimmt (resorbiert).

Man kann die Sehnenscheide als einen geschlossenen röhrenförmigen Sack aus Schleimhaut bezeichnen, der die Sehne gegen ihre Umgebung abpolstert und gleichzeitig gewährleistet, daß sie reibungsfrei gleitet.

Bei chronischen mechanischen Irritationen und Überlastungen kann es zu Entzündungen der Sehnenscheiden kommen. Diese Sehnenscheidenentzündungen (Tendovaginitiden) treten besonders häufig an der Hand und im Handgelenk auf. Die Entzündung, die übrigens auch nach Infektionskrankheiten wie Grippe oder Masern auftreten kann, führt zu einer Schwellung der Sehnenscheide, die in bestimmten Fällen sogar ein Gleiten der Sehne erschwert oder unmöglich macht, so daß eine operative Behandlung nötig wird.

Ansonsten besteht die Therapie in Kühlung, kurzfristiger Ruhigstellung und Schonung der betroffenen Region sowie in krankengymnastischer Übungsbehandlung (Dehnung und Kräftigung).

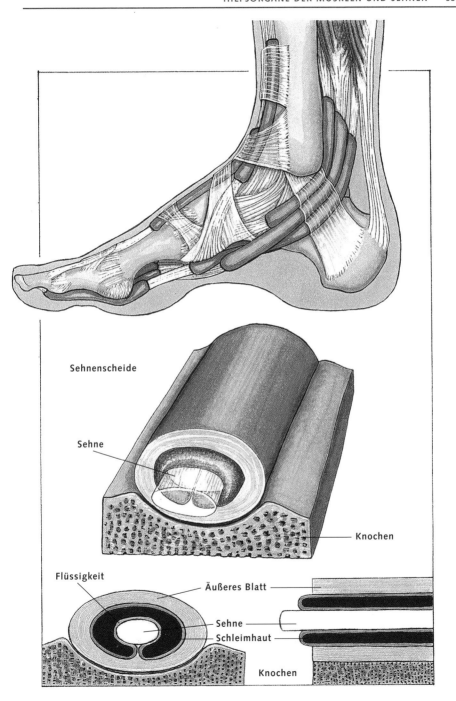

Sehnenscheide

Sehne

Knochen

Flüssigkeit

Äußeres Blatt

Sehne

Schleimhaut

Knochen

Schleimbeutel:

Schleimbeutel (Bursae) sind von Gelenkflüssigkeit ausgefüllte Säckchen, die in Gelenknähe auftreten, und zwar am häufigsten zwischen Sehnen und Knochen im Ursprungs- und Ansatzgebiet von Muskeln, wo es zu Verschiebungen von Muskeln und Sehnen gegen ihre Umgebung kommt. Sie sollen die Reibungen der Gewebe gegeneinander vermeiden und Stöße, gewissermaßen als Wasserkissen, abpolstern.

Sesambeine:

Sesambeine sind in Sehnen eingelagerte Knochen. Durch sie erhöht sich die Hebelwirkung und damit die Kraft eines Muskels. Das größte Sesambein des menschlichen Körpers ist die Kniescheibe, die in die Sehne des Oberschenkelstreckmuskels (M. quadriceps) eingelagert ist. Sonst kommen Sesambeine noch an Händen und Füßen vor.

Bei chronischen mechanischen Irritationen kann es zu hartnäckigen Schleimbeutelentzündungen (Bursitis) kommen. Ein typisches Beispiel ist die Entzündung des Schleimbeutels vor und unter der Kniescheibe durch zu häufiges Knien, beispielsweise bei Fliesenlegern. Aber auch nach Verletzungen mit Eröffnung der Schleimbeutel bei Schnitt- oder Schürfwunden können Keime in die Schleimbeutel gelangen und eine eitrige Schleimbeutelentzündung auslösen. Es resultiert immer eine Schwellung und Druckschmerzhaftigkeit, häufig verbunden mit Rötung und Überwärmung. Therapeutisch kommen neben der Schonung des betroffenen Schleimbeutels die Kühlung, Punktion und Injektion von Cortison in Frage. Ist die Entzündung eitrig oder läßt sie sich durch die konservative Therapie nicht in den Griff bekommen, ist die operative Entfernung angezeigt.

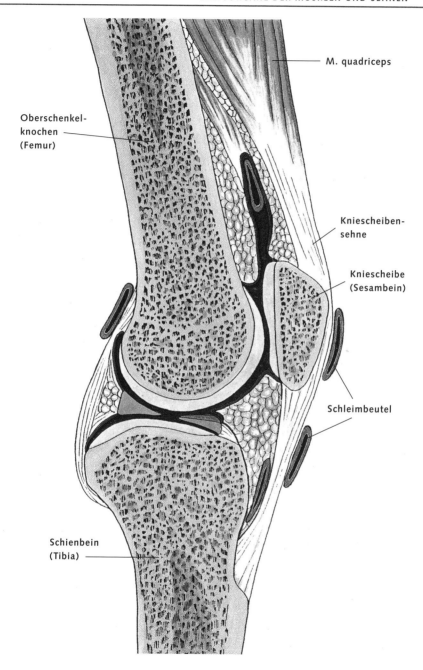

M. quadriceps

Oberschenkel-
knochen
(Femur)

Kniescheiben-
sehne

Kniescheibe
(Sesambein)

Schleimbeutel

Schienbein
(Tibia)

RUMPFRÜCKSEITE

Wirbelsäule

Der Rücken reicht vom Hinterhaupt bis zum Kreuzbein. Im Zentrum befindet sich die Wirbelsäule. Des weiteren gehören zum Rücken die Nackenregion und der Schulterblattbereich sowie die Lendengegend. Seitlich geht der Rücken kontinuierlich in die vordere Rumpfwand über. Den unteren Rand bilden die Darmbeinkämme. Anatomisch ist die Linie, die die Achselhöhle nach hinten begrenzt (hintere Axillarlinie), die seitliche Rückenbegrenzung.

Das Rückenrelief wird in der Mitte durch die Rückenfurche, das Rückgrat und die seitlich davon liegenden Muskelwülste gebildet. Wichtige Orientierungspunkte am Rückgrat sind der gut zu tastende, weit hervorstehende 7. Halswirbel und der Dornfortsatz des 4. Lendenwirbels, der genau auf Höhe der Darmbeinkämme liegt. Das übrige Oberflächenrelief des Rückens wird von den Muskeln des Schultergürtels und des Schultergelenks gebildet.

Am unteren Ende des Rückens findet man drei ganz wichtige Orientierungspunkte, die in der Regel ein gleichseitiges Dreieck bilden: links und rechts zwei Hauteinziehungen über den hinteren Darmbeinstacheln und in der Mitte, knapp oberhalb der Analfalte, die Einziehung über dem Dornfortsatz des 5. Lendenwirbels. Dieses Dreieck nennt man Sakraldreieck.

Die Wirbelsäule bildet das sogenannte Achsskelett des Rumpfes. Die freie Wirbelsäule ist vergleichbar mit einem gegliederten beweglichen Stab, der aus den Wirbeln, den Bandscheiben und den Bändern besteht.

Normalerweise hat der Mensch 24 bewegliche Wirbel, die sich in 7 Halswirbel, 12 Brustwirbel und 5 Lendenwirbel unterteilen. An den beweglichen Teil der Wirbelsäule schließen sich nach unten das Kreuzbein und das Steißbein an. Das Kreuzbein ist eine Verschmelzung von ursprünglich 5 Wirbeln. Die Höhe der Wirbelsäule macht im Schnitt beim Erwachsenen etwa zwei Fünftel der Gesamtkörperlänge aus. Sie nimmt im Alter ab, so daß die Schrumpfung vom 50. bis zum 90. Lebensjahr 7 cm betragen kann. Die Ursache hierfür liegt in der Zunahme der Wirbelsäulenkrümmungen und in der Abnahme der Bandscheibenhöhe.

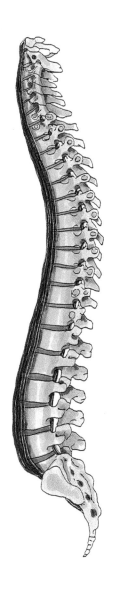

Wirbel

Die freien Wirbel sind mit einer Ausnahme alle nach dem gleichen Prinzip
aufgebaut:

❶ Wirbelkörper
❷ Wirbelbogen
❸ Wirbelloch
❹ Querfortsatz
❺ Dornfortsatz
❻ Gelenkfortsatz

Die Wirbel nehmen von oben nach unten
kontinuierlich an Größe zu. Das liegt einfach daran, daß die Lendenwirbel mehr
Last zu tragen haben als die Halswirbel,
die ja nur den Kopf tragen. Die Gesamtheit der Wirbellöcher bildet den Wirbel-
kanal, in dem das Rückenmark verläuft,
das dadurch im Bereich der Wirbel
knöchern sehr gut geschützt ist. An den
Gelenkfortsätzen haben die benachbarten Wirbel über die Wirbelgelenke Kontakt miteinander. Die Neigung der Gelenkflächen an den Gelenkfortsätzen
bestimmt, wie beweglich der jeweilige
Wirbelsäulenabschnitt ist. Die Wirbelgelenke sind von einer Gelenkkapsel umgeben, die zahlreiche Schmerzfasern
besitzt. Dies erklärt die Tatsache, daß
krankhafte Veränderungen in diesem
Bereich sehr schmerzhaft sein können.

Wirbelkörperbänder

Auf der Vorder- und der Rückseite sind
die Wirbelkörper durch Bänder miteinander verbunden. Es werden das vordere
und das hintere Längsband unterschieden.

Das vordere Längsband ❹ beginnt am
obersten Wirbel, dem Atlas, und verläuft
an der Vorderseite der Wirbel und Bandscheiben bis zum 1. Kreuzbeinwirbel. Es
besteht aus zwei Schichten, von denen
die oberflächliche Schicht mehrere Wirbelkörper überbrückt und die tiefe
Schicht immer zwei Nachbarwirbel miteinander verbindet. Mit den Bandscheiben geht das Band keine Verbindung ein.
Das hintere Längsband ❸ ist wesentlich
schmäler und schwächer als das vordere
Längsband und verläuft vom Hinter-
hauptsbein an der Rückfläche der Wirbel
hinunter bis zum Kreuzbein. Im Gegensatz zum vorderen Längsband ist es an
den Rändern der Wirbelkörper und an
den Bandscheiben befestigt. Trotzdem
bleibt hinten ein großer Teil der Bandscheiben seitlich ohne Bandverstärkung.
Besonders das hintere Längsband ist
außerordentlich gut mit schmerzleitenden Nervenfasern versorgt. Deshalb
kommt es bei Druck auf das Band – etwa
durch sich vorwölbendes Bandscheibengewebe (Protrusion) – zu heftigen
Schmerzen.

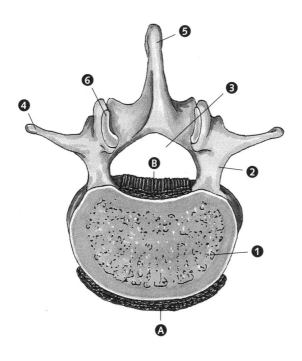

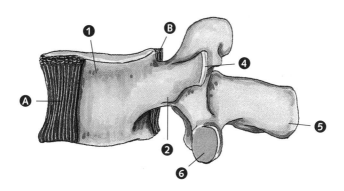

Bandscheiben

Zwischen den Wirbelkörpern liegen die Bandscheiben oder, anatomisch korrekter, Zwischenwirbelscheiben. Die Bandscheiben fehlen im Kreuz- und Steißbein sowie zwischen dem 1. und 2. Halswirbel. Sie sind über knorpelige Deckplatten fest mit den Wirbelkörpern verbunden, haben immer den gleichen Durchmesser wie ihre benachbarten Wirbelkörper und nehmen wie diese von der Hals- bis zur Lendenwirbelsäule an Höhe zu. Insgesamt machen sie etwa ein Viertel der gesamten Wirbelsäulenlänge aus.

Die Bandscheiben bestehen aus einem äußeren Ring von straffen Bindegewebsfasern, die einen schraubenförmigen Verlauf haben und fest mit den Deckplatten der Wirbelkörper verbunden sind. Dieser Ring wird als Faserring (Anulus fibrosus) **A** bezeichnet. Der innere Teil des Faserrings besteht aus Faserknorpel und geht über in den Kern der Bandscheibe, den Gallertkern (Nucleus pulposus) **B**.

Aufgrund seiner speziellen biochemischen Zusammensetzung besitzt der Gallertkern die Fähigkeit, reichlich Wasser zu binden. Er kann somit seine Aufgabe als Stoßdämpfer oder Wasserkissen optimal erfüllen. Wird die Bandscheibe belastet, nimmt der Gallertkern die Belastung auf und verteilt sie durch seine Verformung gleichmäßig auf die ganze Bandscheibe. Dies trifft jedoch nur für den Idealfall einer gleichmäßigen Belastung der Wirbelsäule zu. Wird die Bandscheibe nämlich ungleichmäßig einseitig belastet, weicht der Gallertkern zu der weniger stark belasteten Seite aus und dringt in Schwachstellen, z. B. Risse im Faserring, ein.

Bandscheiben besitzen keine Blutgefäße. Die Bandscheibe wird ernährt, indem sie bei Entlastung wie ein Schwamm Flüssigkeit aufnimmt, die bei Belastung wieder ausgepreßt wird. Demzufolge ist eine optimale gleichmäßige Ernährung der Bandscheibe durch gleichförmiges Gehen gewährleistet, wobei die Bandscheibe Schritt für Schritt be- und entlastet wird. Langes Sitzen oder Stehen führt zu einem Ernährungsmangel der Bandscheiben.

Das Wasserbindungsvermögen ist auch der Grund, warum wir morgens etwa zwei Zentimeter größer sind als abends. In der Liegeposition werden die Bandscheiben entlastet, und Wasser kann in sie eindringen. Eine «Aufquellung» ist die Folge, und die Bandscheibenhöhe nimmt zu.

Im Alter kommt es aufgrund einer Änderung der biochemischen Zusammensetzung der Bandscheiben zu einer Abnahme des Wasserbindungsvermögens. Die Folge ist ein Elastizitätsverlust und Austrocknen der Bandscheiben. Sie sind dann nicht mehr in der Lage, Stöße weich abzufangen und den Druck gleichmäßig zu verteilen. Der Verschleiß ist von nun an unaufhaltsam. Es kommt zu Einrissen im Faserring und an den Deckplatten der Wirbelkörper, in die Gewebe aus dem Gallertkern eindringen kann. Der Bandscheibenvorfall ist umprogrammiert.

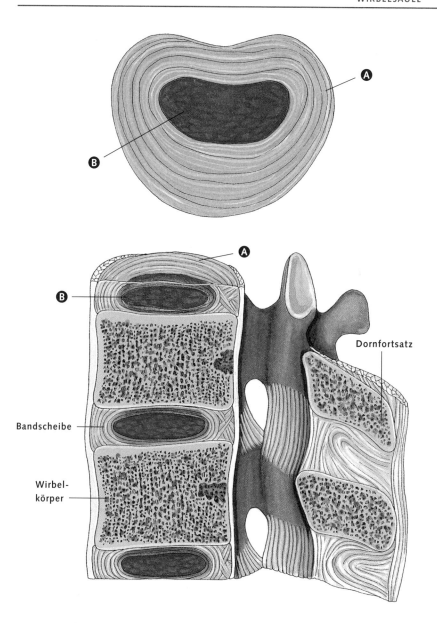

Bandscheibenvorfall

95 Prozent aller Bandscheibenvorfälle treten in der unteren Lendenwirbelsäule auf. Der Bandscheibenverschleiß beginnt mit Rißbildungen im Faserring **B**. Beim Bandscheibenvorfall durchdringt Gewebe des Gallertkerns die verschleißbedingten Risse des Faserringes und drängt entweder gegen das hintere Längsband vor, das zwischen Bandscheibe und Rückenmark liegt (Bandscheibenvorwölbung, Protrusion) **C**, oder es durchdringt es bzw. quillt seitlich daran vorbei gegen das Rückenmark oder die Nervenwurzel (Bandscheibenvorfall, Prolaps) **D**.

Symptome:
Zu Beginn steht der Kreuzschmerz im Vordergrund. Bei Druck auf die Nervenwurzel kommt es zu Ischiasbeschwerden mit Ausstrahlung über das Gesäß in ein Bein. Später können Gefühlsstörungen, Lähmungen und Abschwächung der Reflexe auftreten. Die Störungen entsprechen den Bereichen, die der durch das Bandscheibengewebe bedrängte Nerv versorgt.

Typisch ist auch die Schiefstellung (skoliotische Zwangshaltung), die die Patienten einnehmen, indem sie sich zu der nicht betroffenen Seite neigen und dadurch versuchen, den Nerv zu entlasten. Die Schmerzen verstärken sich beim Husten, Niesen oder Pressen.

Therapie:
Die Therapie ist in fast allen Fällen zunächst immer konservativ:
- Bettruhe, evtl. Stufenbettlagerung
- Wärme
- Extension (z. B. Aushängen)
- Schmerzmittel
- entzündungshemmende Medikamente
- Krankengymnastik
- Rückenschule
- evtl. psychotherapeutische Betreuung

Die Operation ist fast immer angezeigt, wenn es zu akuten Lähmungen mit Störungen der Blasen- und Mastdarmfunktion, Gefühlslosigkeit im Scham- und Analbereich («Reithosentaubheit») kommt oder wenn die konservative Therapie über einen Zeitraum von mehr als 3 Monaten keinen Erfolg bringt.

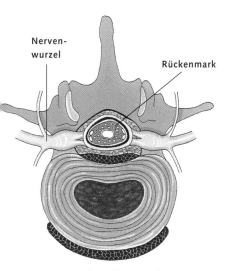

Nerven-
wurzel

Rückenmark

A. Bandscheibe gesund

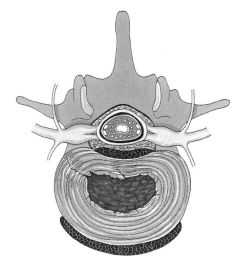

B. Bandscheibenverschleiß

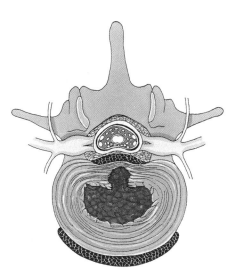

Bandscheibenvorwölbung
C. Protrusion

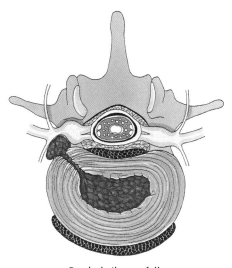

Bandscheibenvorfall
D. Prolaps

Halswirbelsäule

An der Halswirbelsäule werden funktionell und morphologisch drei Abschnitte unterschieden:

Atlas und Axis

Atlas und Axis sind die beiden obersten Wirbel der Wirbelsäule. Sie sind sogenannte Drehwirbel, die zusammen mit dem Schädel die Kopfgelenke bilden.

Der Atlas hat als einziger Wirbel keinen Wirbelkörper. Er besteht aus einem kreisförmigen Knochenbogen mit seitlichen Querfortsätzen, die in der Mitte ein Durchtrittsloch für die Blutgefäße besitzen. An der Oberseite des Bogens liegen die schalenförmigen Gelenkflächen, die mit dem Hinterhaupt verbunden sind. An der Unterseite befinden sich die Gelenkflächen für den Axis.

Der Axis besteht aus einem Wirbelkörper, dem der sogenannte Zahn (Dens) aufsitzt, der in den kreisförmigen Atlas hineinragt, und einem Wirbelbogen mit kräftigem Dornfortsatz.

Insgesamt setzen sich die Kopfgelenke aus sechs anatomisch getrennten Gelenken zusammen, wobei die oberen (zwischen Atlas und Hinterhaupt) und die unteren Kopfgelenke (zwischen Atlas und Axis) eine funktionelle Einheit bilden. Im Zusammenspiel dieser Gelenke erreicht der Kopf auf der Wirbelsäule eine Beweglichkeit wie in einem Kugelgelenk.

Daß wir dennoch den Kopf nicht einmal vollständig um 360° rotieren können wie eine Eule, liegt an den kräftigen Bändern, die die extreme Beweglichkeit hemmen.

3. bis 6. Halswirbel

Der 3.–6. Halswirbel sind sich in ihrem Aufbau sehr ähnlich.

Die Wirbelkörper dieser Halswirbel sind vergleichsweise klein. Sie müssen im Gegensatz beispielsweise zu den Lendenwirbelkörpern schließlich nur das Gewicht des Kopfes und nicht des ganzen Rumpfes tragen. Zudem haben sie als weiteres Baumerkmal alle auf jeder Seite einen Querfortsatz, der in der Mitte ein Loch besitzt, durch das beidseitig die Wirbelsäulenarterie (A. vertebralis) hindurchzieht.

7. Halswirbel

Der 7. Halswirbel ist der Übergang von der Halswirbelsäule zur Brustwirbelsäule. Charakteristisch ist der sehr lange Dornfortsatz, der bei jedem Menschen gut zu tasten ist (Vertebra prominens). Er hat von allen Halswirbeln die kleinsten Löcher in den Querfortsätzen, und die seitlichen Ausziehungen an der Oberfläche sind ebenfalls sehr klein.

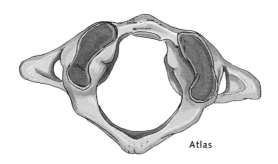

Atlas

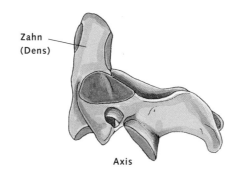

Zahn
(Dens)

Axis

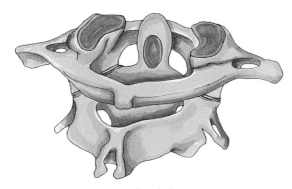

Halswirbel

Wirbelarterie (Arteria vertebralis)

Die Wirbelarterie durchläuft nach ihrem Abgang aus der Schlüsselbeinarterie (A. subclavia) die Querfortsatzlöcher (Foramina transversaria) des 2.–6. Halswirbels. In Höhe der Bandscheiben zieht sie unmittelbar an den Processus uncinati (s. u.) vorbei. Schon normale Kopfbewegungen engen die Arterie ein. Gleichzeitige Kopfdrehung und Rückneigung der Halswirbelsäule engen die gegenseitige Arterie erheblich ein, so daß der normale Blutdurchfluß unter bestimmten Umständen gestört sein kann, insbesondere dann, wenn infolge eines Verschleißes der Halswirbelsäule knöcherne Unregelmäßigkeiten und knöcherne Anbauten (Osteophyten) in diesem Bereich vorhanden sind.

Processus uncinati

Die Deckplatten der Halswirbelkörper C3 bis C7 haben an der hinteren und seitlichen Kante sattelartige Ausziehungen, die sich im Laufe des Wirbelsäulenwachstums aufrichten und schaufelartige Knochenkämme bilden, die von der seitlichen Wirbelkante ausgehen. Bei Kindern und Jugendlichen haben diese seitlichen Ausziehungen normalerweise keinen Kontakt mit dem benachbarten Wirbel. Durch eine früh einsetzende Höhenminderung der Bandscheiben der Halswirbelsäule bekommen diese Knochenausziehungen dann doch relativ früh Kontakt mit dem Nachbarwirbel. An den Kontaktstellen entsteht ein Ersatzknorpelgewebe (Faserknorpel), so daß diese gewissermaßen wie in einem Gelenk gegeneinander reiben können. Diese sogenannten Nebengelenke sind im Alter häufig als erste von verschleißbedingten Veränderungen betroffen. Es kommt zu knöchernen Randanbauten in Form von zusätzlichen Zacken und Wülsten, die auf in der direkten Umgebung liegende Strukturen, wie Nerven oder Blutgefäße (s. A. vertebralis), drücken und dadurch Durchblutungsstörungen oder Nervenschäden auslösen können.

Diese Vorgänge werden im wesentlichen dadurch ermöglicht, daß sich schon im Alter von 10 Jahren horizontal verlaufende Risse in den Bandscheiben der Halswirbelsäule bilden, die in einer vollständigen Halbierung der Bandscheiben enden.

Halswirbelsäule

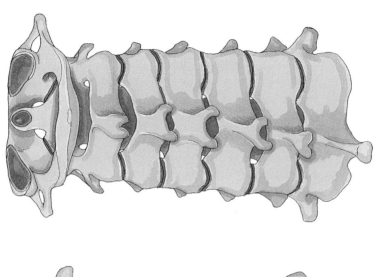

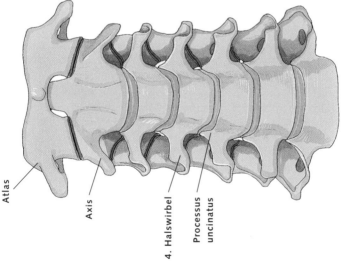

Atlas

Axis

4. Halswirbel

Processus
uncinatus

Horizontalspalten

Diese Spalten in den Bandscheiben der Halswirbelsäule entstehen bereits im Kindesalter in Höhe der Processus uncinati und haben die Tendenz, sich auszubreiten, bis schließlich die gesamte Bandscheibe halbiert ist. Sie kommen so regelmäßig vor, daß man sie als physiologisch bezeichnen muß, und zwar als Anpassung an die Funktion der Halswirbelsäule zur Verbesserung der Beweglichkeit. Sie entstehen in vollkommen gesundem Bandscheibengewebe. Häufig wächst sogar ein meniskusartiger Bindegewebskeil in den Spalt hinein, so daß ein regelrechtes Gelenk entsteht. Die Horizontalspalten verbessern zwar die Beweglichkeit der Halswirbelsäule, haben aber die Tendenz, sich auszubreiten, und werden so zu einer Schwachstelle für degenerative Veränderungen.

Biomechanik der Halswirbelsäule

Die Halswirbelsäule ist der beweglichste Teil der Wirbelsäule. Diese gute Beweglichkeit ergibt sich im wesentlichen aus den beiden oberen bandscheibenlosen Segmenten, dem Atlas und dem Axis. Von den übrigen Abschnitten ist die Beweglichkeit zwischen dem 4. und dem 7. Halswirbel am größten.

Das Gewicht des Kopfes setzt die Halsbandscheiben unter großen Druck. Der Belastungsdruck beträgt bei normaler Haltung und normalem Muskeltonus $5,6 \, kp/cm^2$. Ohne die Stabilisierung durch die Muskulatur steigt die Belastung auf $40 \, kp/cm^2$.

Dieser Druck kann nicht, wie an der Lendenwirbelsäule, durch Erhöhung des Drucks im Bauchraum durch Anspannen der Bauchmuskulatur reduziert werden, sondern muß direkt aufgefangen werden. Hierdurch kommt es schon früh zu Verschleißveränderungen.

Die in den Bandscheiben verlaufenden Horizontalspalten sind der Ort, von dem der Verschleiß der Bandscheibe ausgeht. Das Segment ist hier gelockert und instabil. Zudem wird das Wasserbindungsvermögen der Bandscheibe zerstört, die schließlich austrocknet und an Höhe verliert. Hierdurch geraten die Processus uncinati unter Druck und haben engen knöchernen Kontakt, dem sie auf längere Sicht jedoch nicht gewachsen sind. Es kommt zu Verschleißveränderungen (Arthrose) mit knöchernen Anbauten, die wiederum zu einer Einengung der Nervenaustrittslöcher (Neuroforamina) führen können.

Es handelt sich bei den Halswirbelsäulenerkrankungen mit Irritation der Nervenwurzel somit in der Regel nicht um direkten Bandscheibendruck auf die Nervenwurzel, wie an der Lendenwirbelsäule, sondern um sekundäre Veränderungen als Folge der Bandscheibendegeneration.

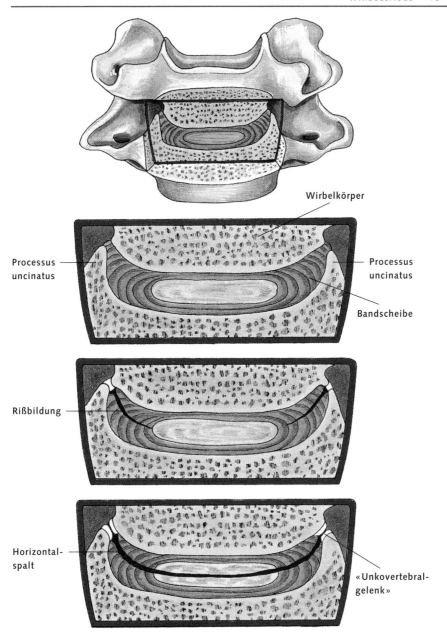

Wirbelkörper

Processus
uncinatus

Processus
uncinatus

Bandscheibe

Rißbildung

Horizontal-
spalt

«Unkovertebral-
gelenk»

DAS HALSWIRBELSÄULENSYNDROM (ZERVIKALSYNDROM)

Beim Zervikalsyndrom handelt es sich um einen relativ ungenauen Sammelbegriff für alle spezifischen und unspezifischen Symptome, die mit verschleißbedingten Veränderungen der Halswirbelsäule einhergehen. Die häufigsten Beschwerden sind Kopfschmerzen, die vom Nacken über das Hinterhaupt bis in die Stirnregion ausstrahlen, Muskelverspannungen im Nacken und Schulterblattbereich sowie Schulter-Arm-Schmerzen. Weiterhin können Schwindel, Hör- und Sehstörungen sowie Durchblutungsstörungen auftreten. Diese Beschwerden sind typischerweise charakterisiert durch:

1. Plötzliches Auftreten von Schulter-Nacken-Schmerzen mit Steifigkeitsgefühl. Vorausgegangen ist häufig eine längere Beugehaltung der Halswirbelsäule (kyphotische Einstellung), z. B. Lesen, Fernsehen oder Schreibtischarbeit.

2. Es besteht eine Positionsabhängigkeit, d. h. der Schmerz verstärkt sich in bestimmten Positionen der Halswirbelsäule, und in anderen verringert er sich. Der Patient hält deshalb den Kopf zwanghaft in einer bestimmten Lage, um dem Schmerz auszuweichen.

3. Charakteristisch ist die Verschlimmerung der Beschwerden nachts. Im Schlaf wird durch Ausschalten der Willkürmotorik und bei herabgesetztem Muskeltonus eine Position eingenommen, die das Zervikalsyndrom durch Einengung der Nervenaustrittslöcher (Foramina intervertebralia) auslösen kann, wie z. B. Bauchlage oder Lagerung auf hohem Kopfkissen.

Psychische Komponenten des Zervikalsyndroms

Fast immer tritt das sogenannte Zervikalsyndrom in psychischen Belastungssituationen oder zumindest in Verbindung mit psychischen Problemen auf. Die Muskulatur der Nacken-Schulter-Region spiegelt die akute oder chronische psychische Verfassung wider. Besonders Angst und Spannung drücken sich in einem vermehrten Spannungszustand der Nackenmuskeln aus. Hieraus resultiert eine Fehlhaltung bei Angst, Antriebslosigkeit, Schlaflosigkeit, Appetitlosigkeit, verminderter Belastbarkeit usw. In diesen Fällen wird der depressive Zustand, der als solcher nicht offensichtlich in Erscheinung tritt, durch körperliche Symptome ausgedrückt. Dieser Vorgang wird als Somatisierung bezeichnet.

Therapie:

1. Ruhigstellung (z. B. Halskrawatte)
2. Wärme
3. Medikamente (Sedativa, Muskelrelaxantien, Schmerzmittel)
4. Infiltrationen mit örtlichen Betäubungsmitteln
5. Krankengymnastik nach Ruhigstellung
6. Falls erforderlich, psychologische Therapie

Das Schleudertrauma

Es handelt sich bei dem sogenannten Schleudertrauma um einen Unfall, bei dem die Insassen eines stillstehenden Fahrzeugs plötzlich und unerwartet von einem anderen Fahrzeug von hinten angefahren werden. Dadurch wird der Körper mit dem Autositz durch den Bewegungsimpuls nach vorne geschoben, und der Kopf bleibt wegen des Trägheitsmoments in Ruhelage (1. Phase). Anschließend kommt es zu einer Überstreckung des Kopfes nach hinten (2. Phase):

1. Phase
Es kommt zu Schwerkräften an der Halswirbelsäule mit Verletzungen der Bandscheiben oder des hinteren Längsbandes, insbesondere der ersten Halswirbel.

2. Phase
Erst anschließend wird der Kopf nach hinten geschleudert, was zu einer Überdehnung der vor der Halswirbelsäule liegenden Weichteile (Bänder, Sehnen, Muskeln) führt.
Durch den Überraschungseffekt ist der Patient nicht in der Lage, durch Muskelanspannung die Halswirbelsäule zu schützen.
Typisch ist für die leichten bis mittelschweren Verletzungen ein «beschwerdefreies Intervall», d. h. zwischen Unfall und Auftreten der Beschwerden liegt ein Zeitintervall, das bis zu 24 Stunden betragen kann.
Es werden insgesamt drei Schweregrade dieser Verletzung unterschieden:

Grad I (80 Prozent):
• Nackenschmerzen, mit Ausstrahlung in den Hinterkopf bis in die Stirn
• beschwerdefreies Intervall 1–24 Stunden
• röntgenologisch und neurologisch keine Veränderungen, evtl. Steilstellung der Halswirbelsäule

Grad II (15 Prozent):
• Starke Zerrung mit Kapseleinrissen und Bandscheibenzerreißungen
• Muskelzerrungen, Einblutungen
• heftige Nackenschmerzen, Kopf kann nicht bewegt werden

• teilweise Schluckbeschwerden durch Bluterguß in der Kehlkopfregion
• beschwerdefreies Intervall – wenn überhaupt – max. 1 Stunde
• röntgenologisch Steilstellung der Halswirbelsäule

Grad III (5 Prozent):
• Bandscheibenzerreißungen, Bandrupturen, Wirbelverrenkungen und -brüche
• kein beschwerdefreies Intervall!
• häufig Armschmerzen
• Brechreiz, Übelkeit, Schwindel, Hörstörungen
• neurologische Symptomatik: Gefühlsstörungen, Lähmungen
• röntgenologisch Wirbelbrüche, Fehlstellungen

Therapie:
1. Ruhigstellung (z. B. Halskrawatte)
2. Medikamente (Sedativa, Muskelrelaxantien, entzündungshemmende Medikamente)
3. Infiltrationen mit örtlichen Betäubungsmitteln
4. Wärme
5. Krankengymnastik

Brustwirbelsäule

Die Brustwirbelsäule ist der unbeweglichste Abschnitt der Wirbelsäule. Dies liegt zum einen an der im Vergleich zur Brustwirbelgröße sehr niedrigen Bandscheibenhöhe und zum anderen natürlich daran, daß der Brustkorb, der an den Brustwirbeln gewissermaßen aufgehängt ist, die Beweglichkeit der Brustwirbelsäule erheblich beeinträchtigt.

Die Brustwirbelkörper haben eine nahezu quadratische Form. Die Wirbelkörper des 1.–9. Brustwirbels haben als Besonderheit an jeder Seite zwei Gelenkflächen für den Rippenkopf. Der 10.–12. Brustwirbel besitzt nur eine Gelenkfläche auf jeder Seite für die Rippen.

Die Dornfortsätze sind sehr lang und schräg nach unten gerichtet, so daß sie sich fast wie die Schindeln eines Daches decken.

Lendenwirbelsäule

Die Form der Lendenwirbelsäule ist durch ihre Krümmung nach vorne (Lordose) und eine scharfe Abknickung am Übergang zum Kreuzbein gekennzeichnet. Dieser Lenden-Kreuzbein-Übergang ist die Schwachstelle der Wirbelsäule, da durch die Knickbildung starke Schubkräfte beim aufrechten Stand auftreten. Der 5. Lendenwirbel ist keilförmig vorne höher als hinten. Auch die letzte Bandscheibe zwischen dem 5. Lendenwirbel und dem Kreuzbein weist eine Keilform auf.

Die Lendenwirbelkörper selbst sind hoch, breit und massiv. Besonders typisch sind die kräftigen, seitlich abgeflachten, horizontal ausgerichteten Dornfortsätze. Durch diese horizontale Ausrichtung erlauben sie der Lendenwirbelsäule eine relativ große Beweglichkeit.

Kreuzbein

Das Kreuzbein besteht aus 5 Wirbeln, die bei der Geburt noch einzeln angelegt sind und erst im 15. Lebensjahr beginnen, miteinander zu verschmelzen. Der Verschmelzungsprozeß ist zwischen dem 25. und 30. Lebensjahr abgeschlossen. Zu diesem Zeitpunkt sind die Wirbel und dazwischen liegenden Bandscheiben komplett verknöchert und bilden gemeinsam das Kreuzbein. Aus der Verschmelzung der Querfortsätze geht die Gelenkfläche für das Kreuz-Darmbein-Gelenk (Ileosakralgelenk) hervor. Das weibliche Kreuzbein ist breiter und kürzer als das männliche.

Steißbein

Das Steißbein besteht aus 3–6 Wirbelresten, wovon lediglich der erste, mit dem Kreuzbein in Verbindung stehende Wirbel noch charakteristische Wirbelmerkmale aufweist, während die restlichen Wirbelrudimente nur noch erbsgroße, rundliche Knochenstückchen darstellen. Die Verbindung zwischen Kreuz- und Steißbein ist entweder ein echtes Gelenk oder eine Knorpelhaft, wodurch sich das Steißbein passiv nach vorne und hinten bewegen läßt. Beim Durchtritt des kindlichen Kopfes unter der Geburt hat es so die Möglichkeit, nach hinten auszuweichen.

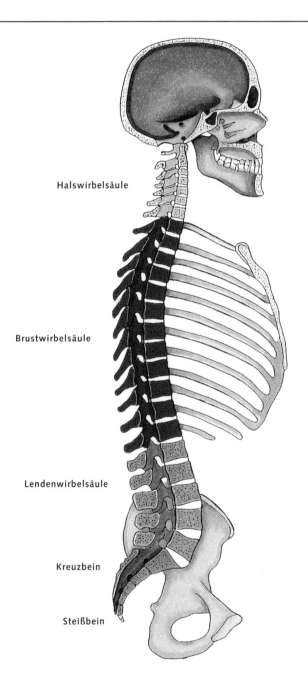

Halswirbelsäule

Brustwirbelsäule

Lendenwirbelsäule

Kreuzbein

Steißbein

Wirbelsäulenkrümmungen

Die Wirbelsäule ist von der Seite gesehen doppelt S-förmig gekrümmt. Diejenigen Krümmungen an der Wirbelsäule, die nach vorne zeigen, bezeichnet man als Lordose und die, die nach hinten zeigen, als Kyphose. Im einzelnen unterscheiden wir folgende Krümmungen:

1. Halslordose (1.–6. Halswirbel)
2. Brustkyphose (7. Halswirbel bis 9. Brustwirbel)
3. Lendenlordose (10. Brustwirbel bis 5. Lendenwirbel)
4. Sakralkyphose (Kreuzbein)

Den größten Knick macht die Wirbelsäule am Übergang zwischen 5. Lendenwirbel und Kreuzbein. Die dazwischen liegende Bandscheibe wird als Promontorium – der am weitesten vorspringende Punkt der Wirbelsäule – bezeichnet. Hier befindet sich auch der sogenannte Wetterwinkel, also die Schwachstelle der Wirbelsäule. Die meisten Verschleißprobleme der Wirbelsäule entstehen am Übergang zwischen Lendenwirbelsäule und Kreuzbein, da die Bandscheibe hier nicht axial belastet wird, sondern durch das schräge Abknicken Scherkräfte auf das Bandscheibengewebe einwirken, die einen vorzeitigen Verschleißprozeß auslösen können.

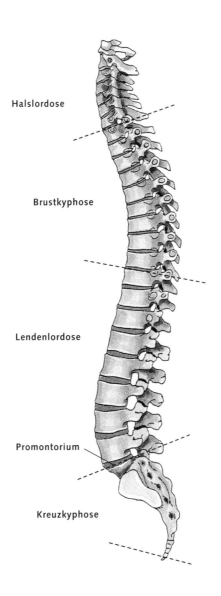

Halslordose

Brustkyphose

Lendenlordose

Promontorium

Kreuzkyphose

Haltung

Gibt es eine «gute Haltung»?

Die Hauptschwierigkeit bei der Beantwortung dieser Frage liegt in der Definition der Norm. Hierzu wäre ein ideales Leitbild erforderlich, das es global und zeitunabhängig jedoch nicht gibt. So hat jedes Zeitalter durch die Einflüsse der Lebensweise, der Kultur, der geographischen Lage, ja sogar des Klimas, sich seine eigenen Schönheits- und Haltungsideale geschaffen. Hat Claudia Schiffer oder Twiggy die ideale Haltung und Figur? Ist der Bodybuilder der Idealhaltung näher als der Asket, oder haben nicht doch Ballettänzer die ideale Haltung?

Wir können uns also nicht auf eine Normalform der Haltung festlegen, sondern müssen für jeden einzelnen die ideale individuelle Haltung finden.

Die praktische klinische Erfahrung zeigt, daß beileibe nicht jeder Rundrücken oder jede Skoliose Probleme oder Schmerzen bereiten muß und daß im Gegenzug Patienten mit einem «normalen Rücken» häufig Beschwerden oder Schmerzen haben.

Wir sollten deshalb möglicherweise nicht von einer «normalen», sondern von einer «richtigen» Haltung sprechen, wenn der Körper aufgrund seiner Statik und seiner Muskelkräfte in der Lage ist, sich bewußt und unbewußt gegen die Schwerkraft und Falltendenz aufrecht zu halten.

Die aufrechte Haltung

Die aufrechte Haltung wird erreicht: *aktiv* durch Muskelkraft und *passiv* durch den Bandapparat.

Die aktive und passive Beanspruchung der Wirbelsäule befinden sich ständig im Wechselspiel, wobei die rein passive Haltung zwar die bequemere ist, die aktive jedoch die weitaus bessere, da hierdurch alle Strukturen des Binde- und Stützgewebes (Knochen, Bänder, Bandscheiben, Knorpel) entlastet werden. Somit kommt der aktiven, durch Muskelkraft aufrecht gehaltenen Position eine wichtige prophylaktische Bedeutung zu.

Bei der passiven Haltung läßt sich der Körper in die Bänder fallen. Das Becken kippt nach vorne, zum Ausgleich wird der Rumpf nach hinten geneigt, woraus eine Hohlkreuzposition resultiert. Die Bauchmuskulatur wird überdehnt und verliert an Spannung.

Während der aktiven Haltung wird das Becken aufgerichtet, die Bauch- und Gesäßmuskulatur ist angespannt. Die Lendenlordose flacht sich ab, der Rundrücken wird durch aktive Anspannung der Rückenstreckmuskulatur flacher. Der Schultergürtel wird zurückgezogen, die verkürzte Brustmuskulatur gedehnt: «Bauch rein, Brust raus».

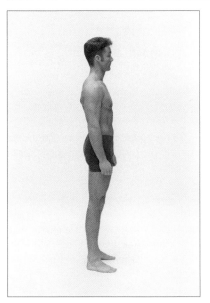

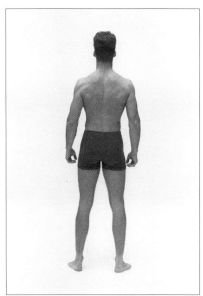

schlaffe Haltung

aufrechte Haltung

DER HALTUNGSSCHADEN

Hierzu ist zunächst wieder die Definition des Haltungsschadens entscheidend. Meßbare Größen sind in den meisten Fällen nicht vorhanden (Ausnahme: Skoliose).

Man unterscheidet folgende Haltungstypen:

❶ Normale aktive, gerade Haltung

❷ Schlaffe, passive Haltung

❸ Hohlkreuz (Hyperlordose)

❹ Hohlrundrücken

❺ Rundrücken

❻ Flachrücken

Grundsätzlich ist hierbei die fixierte, strukturelle Formabweichung, der *Schaden*, von der *Fehlhaltung* zu unterscheiden. Die Haltung ist immer nur eine Momentaufnahme, die momentane Stellung, die der Körper im Raum einnimmt. Deshalb ist die lordotische, kyphotische oder skoliotische Fehlhaltung, die immer reversibel und ausgleichbar ist, von der strukturellen, nicht ausgleichbaren fixierten Lordose, der Kyphose und der Skoliose abzugrenzen, die irreversibel ist.

Bei Kindern und Jugendlichen kann aus der Fehlhaltung, die im Prinzip wieder rückgängig zu machen ist, durch verschiedene Einflüsse eine krankhafte Fehlform der Wirbelsäule entstehen:

1. durch Wachstumsstörungen oder Aufbaustörungen der Wirbelsäule in der Wachstumsperiode,

2. durch unsere Lebensweise, wie langes vornübergeneigtes Sitzen, Autofahren, Fernsehen, Computerspiele usw., kann mit der Zeit eine reine Fehlhaltung zu einer fixierten Formabweichung führen und somit den Rückenbeschwerden den Weg bereiten.

In diesem Zusammenhang muß noch einmal festgehalten werden, daß aber auch dauerhafte Haltungsschäden nicht unbedingt zu Beschwerden führen müssen, wenn z. B. die Muskulatur in der Lage ist, die Fehlform zu kompensieren.

Zu warnen ist also unbedingt vor einer Stigmatisierung der haltungsgeschädigten Jugendlichen und Kinder, abgesehen von Extremformen (Skoliose). Diese Kinder würden so nämlich von vornherein zu Rückenschwächlingen, Teilinvaliden und Kranken abgestempelt, die sie in Wirklichkeit jedoch in den seltensten Fällen sind.

Haltungstypen

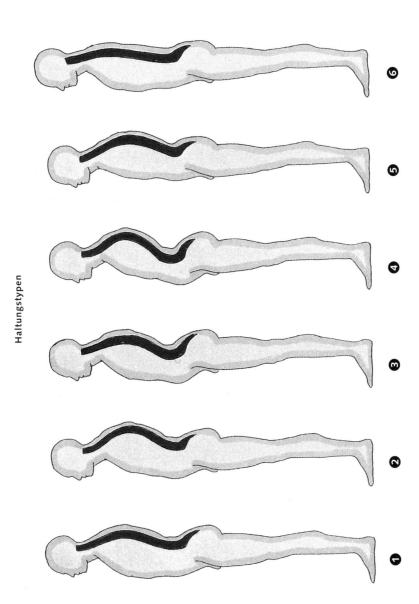

SCHEUERMANN'SCHE ERKRANKUNG

Die häufigste Wirbelsäulenerkrankung mit bis zu dreißig Prozent der Gesamtbevölkerung. Jungen sind etwas häufiger betroffen. Nur ein Prozent davon haben jedoch Beschwerden. Als sogenannte Wachstums- oder Aufbaustörung eine Erkrankung des Kindes- und Jugendalters, die bevorzugt die Brustwirbelsäule betrifft.

Symptome:

Die betroffenen Kinder und Jugendlichen haben im Stadium der Erkrankung – also während des Wachstums – nahezu nie Beschwerden. Das Hauptsymptom ist der Rundrücken (Kyphose). Dieser führt im Alter zu einer kompensatorischen Hohlkreuzstellung (Hyperlordose) der Lenden- und Halswirbelsäule, was wiederum zu vorzeitigem Wirbelverschleiß und Band-scheibenschäden in diesen Wirbelsäulenabschnitten führen kann.

Ursache:

Kinder mit schlaffer Körperhaltung sind bevorzugt betroffen. Hängende Schultern und der dadurch bedingte verkürzte Brustmuskel führen zu einer verstärkten Brustkyphose und Hyperlordose. Hieraus resultiert im Wachstum eine verstärkte Belastung der Vorderkanten der noch knorpeligen Wirbelkörperabschlußplatten. Diese hinken im Wachstum hinterher, so daß die Wirbelkörper vorne niedriger als hinten sind. Es entstehen die Keilwirbel. Zusätzlich kommt es aufgrund der verminderten Widerstandsfähigkeit zu einem Einbruch der Abschlußplatten, Bandscheibengewebe kann in den Wirbelkörper eindringen.

Ist vorrangig die Brustwirbelsäule (häufigste Lokalisation) betroffen, entsteht der typische Rundrücken. Wird die Lendenwirbelsäule befallen, entsteht ein sogenannter Flachrücken.

Therapie:

Die Therapie sollte zunächst in der Prophylaxe bestehen, d. h. schlaffe Haltung bei Kindern und Jugendlichen muß durch gezielte Muskelkräftigung und Sport vermieden werden. Bei nachgewiesener Erkrankung ist besonders Schwimmen (Rückenschwimmen) zu empfehlen und auf Sprungdisziplinen zu verzichten. Bei schweren Rundrückenbildungen wird ein Korsett verordnet. Nur in Ausnahmefällen muß operiert werden.

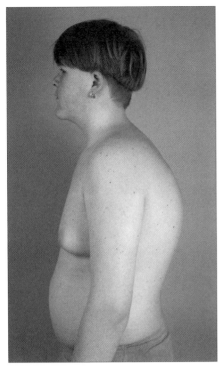

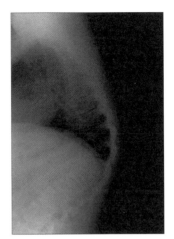

Foto: T. Gehrke

SKOLIOSE

Die echte (strukturelle) Skoliose ist eine Wachstumsdeformität, die mit einer dauerhaften fixierten Seitausbiegung, Verdrehung und Verschraubung der Wirbel einhergeht. Bei 85 Prozent der Skoliosen ist die Ursache unbekannt. Mädchen sind viermal häufiger betroffen als Jungen. Die meisten Skoliosen werden im Alter von 10–12 Jahren zufällig entdeckt. Sie bereiten zunächst keine Schmerzen.

Von den strukturellen sind die funktionellen skoliotischen Fehlhaltungen zu unterscheiden, die sich durch aktive muskuläre Anstrengung oder Beseitigung der Ursache ausgleichen lassen (z. B. Beinver-kürzung oder Bandscheibenvorfall).

Bei der *Säuglingsskoliose* liegt eine C-förmige Verkrümmung der Brust- und Lendenwirbelsäule vor, wodurch der Säugling permanent schief zu liegen scheint. Es handelt sich um eine nichtstrukturelle Haltungsskoliose durch asymmetrische Spannung der Rückenmuskeln, die sich in 80 Prozent der Fälle spontan zurückbildet.

Man erkennt die Skoliose von außen an folgenden körperlichen Merkmalen:

• beim Vornüberbeugen entsteht der Rippenbuckel
• das Lot vom Hinterhaupt fällt nicht auf die Analfalte

• die Schultern stehen unterschiedlich hoch
• die Taillendreiecke (Dreiecke, die die herabhängenden Arme mit der Taille bilden) sind unterschiedlich groß
• Lendenwulst

Therapie:
Die Wahl der Therapie hängt von drei Faktoren ab:
• Ursache der Skoliose
• Alter des Patienten
• Ausmaß der Deformität
• zeitliches Fortschreiten der Erkrankung (Progredienz)
Therapiemöglichkeiten:
1. Krankengymnastik (leichte Skoliose)
2. Krankengymnastik + Korsett (mittelschwere Skoliose)
3. Krankengymnastik + Operation (schwere Skoliose)

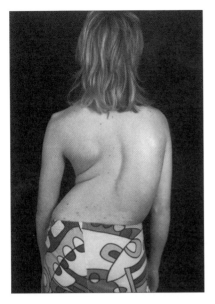

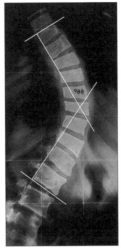

Skoliose

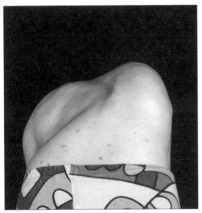

Rippenbuckel beim Vorbeugen

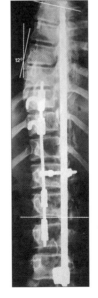

Nach operativer
Versorgung

Fotos: T. Gehrke

Wirbelsäulenbeweglichkeit

Die kleinste Bewegungseinheit an der Wirbelsäule bildet das *Bewegungssegment*. Als Bewegungssegment werden zwei benachbarte Wirbel mit der dazwischen liegenden Bandscheibe und den aus dem Zwischenwirbelloch austretenden Nerven bezeichnet.

Die Wirbelsäule ist normalerweise aus insgesamt 25 Bewegungssegmenten aufgebaut. Die Mobilität jedes einzelnen Bewegungssegments ist sehr klein. Die gute Beweglichkeit der Wirbelsäule ergibt sich erst aus der Summation der Teilbewegungen.

Die Biegsamkeit ist jedoch aufgrund der unterschiedlichen Baumerkmale der Wirbel, der Wirbelgelenke und der Wirbelsäulenkrümmungen in den einzelnen Wirbelsäulenabschnitten sehr variabel.

Folgende Hauptbewegungsrichtungen werden an der Wirbelsäule unterschieden:

Drehung um die Längsachse (Rotation)
Die Drehung ist in der Hals- und Brustwirbelsäule am besten möglich. Aufgrund der sehr steilen Stellung der Gelenkfortsätze ist die Rotationsmöglichkeit in der Lendenwirbelsäule stark eingeschränkt.

Seitwärtsneigung (Lateralflexion)
Die Seitwärtsneigung ist in der Hals- und Lendenwirbelsäule am besten möglich. Sie erfährt eine Begrenzung durch das Aneinanderstoßen des unteren Brustkorbrandes an die Beckenkämme.

Vor- und Rückneigen (Inklination und Reklination)
Das Vor- und Rückneigen der Wirbelsäule vollzieht sich hauptsächlich am Übergang von der Lendenwirbelsäule zum Kreuzbein und von der Brust- zur Lendenwirbelsäule sowie in der Halswirbelsäule.

Die Gesamtbeweglichkeit der Wirbelsäule beträgt für das Vor- und Rückneigen 250°, für die Rotation 280° und für die Seitneigung 150°. Die Mobilität wird im wesentlichen durch die Stellung der Gelenkfortsätze der Wirbelgelenke und die Bänder beeinträchtigt.

Die Tatsache, daß die als Schlangenmenschen (Kontorsionisten) bekannten Artisten in der Lage sind, einen Bewegungsumfang von 360° für Vor- und Rückneigung zu erreichen, liegt daran, daß diese Menschen von früher Kindheit an die Dehnbarkeit der Bänder und Gelenkkapseln trainieren. Unterschieden werden die Kautschukartisten, die die Überstreckung trainieren, von den Klischnigg-Akrobaten, die die Beugung (Flexion oder Inklination) der Wirbelsäule trainieren.

Rückenmuskeln

Die Muskeln, die der Wirbelsäule unmittelbar aufliegen und nahezu ausschließlich für die Wirbelsäulenbeweglichkeit zuständig sind, werden als *autochthone* Rückenmuskeln bezeichnet. Die autochthonen Rückenmuskeln werden in ihrer Gesamtheit als *Rückenstrecker* (*M. erector spinae*) bezeichnet. Der M. erector spinae hat die Aufgabe, die Wirbelsäule zu bewegen und zu stabilisieren.

Die Rückenkontur wird jedoch nicht von den Rückenmuskeln gebildet, sondern von den Schultergürtel- und Schultergelenkmuskeln, die den Rückenstrekker überlagern. Die «rückeneigene» Muskulatur läßt sich lediglich als Wulst neben dem Rückgrat tasten.

Die Muskeln des Rückenstreckers liegen in einem Kanal, der von Wirbeln, Dornfortsätzen und Rippenfortsätzen sowie von einer straffen Bindegewebshülle, der Lendenrückenbinde (Fascia thorakolumbalis), gebildet wird, die mit ihrem tiefen und oberflächlichen Blatt den Rückenstrecker komplett einhüllt und ihn so gewissermaßen an die Wirbelsäule fesselt. Im Lendenbereich dient das oberflächliche Blatt der Lendenrückenbinde zudem dem breiten Rückenmuskel (M. latissimus dorsi) und dem hinteren Sägemuskel (M. serratus posterior inferior) als Ursprungssehne. Am tiefen Blatt entspringen der innere schräge und der quere Bauchmuskel.

Die Rückenmuskeln lassen sich in drei Gruppen unterteilen:

1. **Lange Rückenmuskeln, die an mindestens 7 Wirbeln vorbeiziehen:**
   - Darmbein-Rippen-Muskel (M. iliocostalis): streckt die Wirbelsäule, ist beteiligt an der Seitneigung und Rotation
   - Langmuskel des Rückens (M. longissimus): streckt die Wirbelsäule, Seitneigung und Rotation der Halswirbelsäule
   - Dornmuskel (M. spinalis): streckt die Wirbelsäule, unterstützt die Seitneigung

Der Darmbein-Rippen-Muskel (M. iliocostalis) und der Langmuskel (M. longissimus) bilden den seitlichen Strang des Rückenstreckers und sind dessen kräftigster Anteil. Im Lendenbereich bedeckt der Rippen-Darmbein-Muskel größtenteils den Langmuskel. In der Brustregion liegen die Muskeln nebeneinander. Der Langmuskel zieht bis zum Schädel, der Rippen-Darmbein-Muskel endet an der Halswirbelsäule.

M. erector spinae

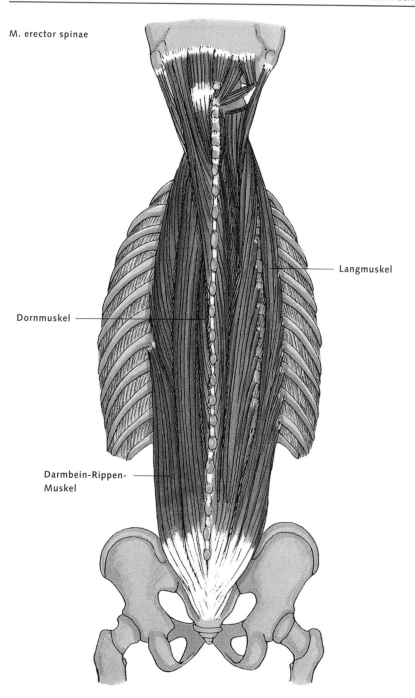

Langmuskel

Dornmuskel

Darmbein-Rippen-
Muskel

2. **Mittellange Rückenmuskeln, die an 2–6 Wirbeln vorbeiziehen:**

❶ Halbdornmuskel (M. semispinalis): streckt die obere Brustwirbelsäule und Halswirbelsäule, ist beteiligt an der Kopfneigung und -drehung

❷ vielgeteilter Muskel (M. multifidus): streckt die Wirbelsäule, Seitneigung, trägt wesentlich zur Stabilisierung im unteren Lendenwirbelbereich und am Übergang zum Kreuzbein bei.

3. **Kurze Rückenmuskeln, die immer zum nächsten Wirbel ziehen:**

❸ Drehmuskeln (Mm. rotatores): Rotation zur Gegenseite und Feineinstellung der Wirbelbogengelenke, Stabilisierung

❹ Zwischendornmuskel (M. interspinalis): Stabilisierung und Feineinstellung der einzelnen Bewegungssegmente, Streckung

❺ Zwischenquerfortsatzmuskeln (Mm. intertransversarii): Stabilisierung

❻ Riemenmuskel (M. splenius): an allen Bewegungen der Halswirbelsäule und Kopfgelenken beteiligt, wichtiger Stabilisator

---

Die Ursache des sogenannten Hexenschusses liegt in den meisten Fällen in der reflexartigen Verkrampfung der kurzen Drehmuskeln (Mm. rotatores) des M. erector spinae, meist als Folge eines Verschleißes der Wirbelbogengelenke, die ineinander «verhaken». Der M. erector spinae zählt zu den tonischen Muskeln, d. h. er neigt zu Verkürzungen. Im Sport muß deshalb immer darauf geachtet werden, daß er ausreichend gedehnt wird. Andererseits ist eine regelmäßige Kräftigung dieses Muskels unerläßlich, da er ein ganz wesentlicher Stabilisator der Wirbelsäule ist.

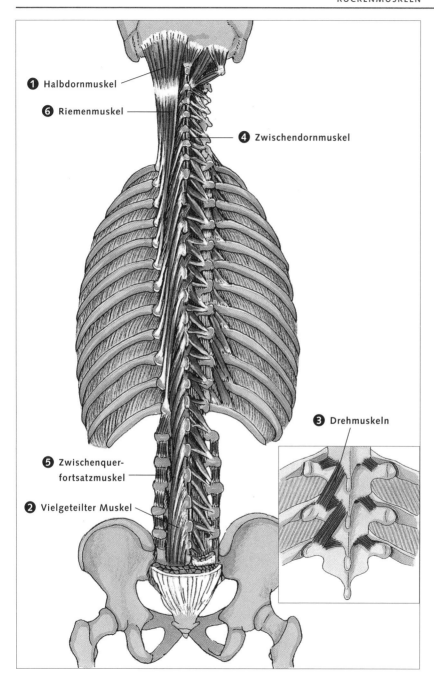

1 Halbdornmuskel

6 Riemenmuskel

4 Zwischendornmuskel

3 Drehmuskeln

5 Zwischenquer-
fortsatzmuskel

2 Vielgeteilter Muskel

Alle dargestellten Einzelmuskeln des M. erector spinae bilden zusammen eine funktionelle Einheit. So ist es unmöglich, einzelne Muskeln der autochthonen Rückenmuskulatur getrennt voneinander einzusetzen. Immer sind mehrere Muskeln gemeinsam und gleichzeitig aktiv.

Die Rückenmuskulatur sorgt für die Aufrechterhaltung und Bewegung der Wirbelsäule.

Beim Beugen und Strecken der Wirbelsäule muß die Muskulatur der linken und rechten Körperhälfte symmetrisch eingesetzt werden. Hierbei richtet sie die Wirbelsäule aktiv auf, d. h. sie streckt die Wirbelsäule und wirkt bei der Beugung der Wirbelsäule, die durch die Bauchmuskeln oder die Schwerkraft hervorgerufen wird, abbremsend und verhindert so, daß wir nach vorne überfallen.

Bei der Seitwärtsneigung wird hauptsächlich die Muskulatur einer Seite eingesetzt, die Muskeln der anderen Seite fangen die Bewegung ab, wenn man droht, zur Seite zu kippen. An der Seitwärtsneigung sind besonders die langen Rückenmuskeln (M. longissimus, M. iliocostalis) beteiligt.

Die kurzen und mittellangen Muskeln, besonders die schräg zur Längsachse der Wirbelsäule verlaufenden (Mm. rotatores, Mm. multifidii), werden bei der Rumpfdrehung (Torsion) eingesetzt.

Die Seitneigung und Seitdrehung wird in jedem Falle durch die Bauchmuskulatur unterstützt, die bei diesen Bewegungen nicht Gegenspieler (Antagonist), sondern Mitspieler (Synergist) der Rückenmuskulatur ist.

Ruderer, Golfer, Trampolinspringer und Turner leiden häufig unter hartnäckigen Brustwirbelsäulenbeschwerden. Ursache ist oft der zu schwach ausgebildete M. erector spinae im Brustwirbelbereich oder dessen Überlastung durch falsche Schlagtechnik oder unkorrektes Heben von Hanteln mit gebeugtem Rücken. Die Therapie und Prophylaxe liegt hier in der gezielten Kräftigung dieser zur Abschwächung neigenden Rückenstreckmuskulatur. Zusätzlich empfiehlt sich die Dehnung der meist verkürzten Brustmuskulatur.

Die Kombination von abgeschwächter Rückenstreckmuskulatur an der Brustwirbelsäule und verkürzter Brustmuskulatur ist häufig auch die Ursache für den Rundrücken bei Turnern oder Boxern.

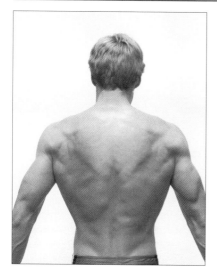

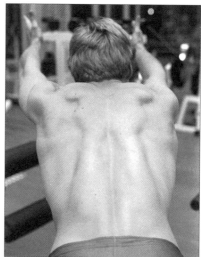

RUMPFVORDERSEITE

Brustkorb (Thorax)

Der Brustkorb wird von insgesamt 12 Rippenpaaren, dem Brustbein (Sternum) vorne und den 12 Brustwirbeln hinten gebildet. Er hat im wesentlichen zwei Hauptaufgaben zu erfüllen: zum einen unterstützt er durch die gute Beweglichkeit der knöchernen Elemente gegeneinander die Atmung, und zum anderen schützt er die Brusteingeweide wie beispielsweise Herz, Lunge, Speiseröhre.

Rippen (Costae)

Die ersten 7 Rippenpaare werden als «echte» oder «wahre» Rippen bezeichnet, da sie hinten mit den Brustwirbeln und vorne mit dem Brustbein, an dem sie über echte Gelenke und Knorpelhaften ansetzen, in Verbindung stehen und so einen geschlossenen Brustring bilden.

Von den sogenannten «falschen» Rippen treten die 8., 9. und meistens 10. Rippe nicht direkt, sondern nur indirekt über Knorpelbrücken mit dem Brustbein in Verbindung, während die 11. und 12. Rippe vorne frei in der Brustwand enden.

Die Rippen bestehen aus einem langen knöchernen Teil und einem kürzeren knorpeligen Teil, der mit dem Brustbein verbunden ist. Die Verbindung der Rippen mit dem Brustbein erfolgt bei der 2. bis 5. Rippe über echte Gelenke (Di-

arthrosen) mit Gelenkkapsel, Gelenkspalt und hyalinem Knorpelüberzug. Die 1., 6. und 7. Rippe sind in der Regel über Knorpelhaften (Synchondrosen) unmittelbar mit dem Brustbein verbunden.

Mit der Wirbelsäule sind die Rippen über echte Gelenke verbunden, wobei jede Rippe an ihrem Rippenkopf zwei Gelenkflächen besitzt. Der Rippenkopf (Caput costae) geht mit den beiden halben Gelenkpfannen und der Bandscheibe jeweils zwischen zwei Brustwirbeln eine gelenkige Verbindung ein, das Rippenhöckerchen (Tuberculum costae) mit einer Gelenkfläche am Querfortsatz des unteren der beiden Brustwirbel. Die beiden Gelenke sind vollständig voneinander getrennt, bilden aber funktionell eine Einheit.

Brustbein (Sternum)

Das platte Brustbein bildet den vorderen Abschluß des Brustkorbs und erinnert in seiner Form an ein altertümliches römisches Schwert. Aus diesem Grunde bezeichnet man die drei Abschnitte auch als Handgriff (Manubrium), Körper (Corpus) und Schwertfortsatz (Xiphoideus). Die drei Abschnitte sind häufig durch Knorpelhaften (Synchondrosen) miteinander verbunden, wodurch dem Brustbein bei den Atembewegungen eine zusätzliche Elastizität verliehen wird.

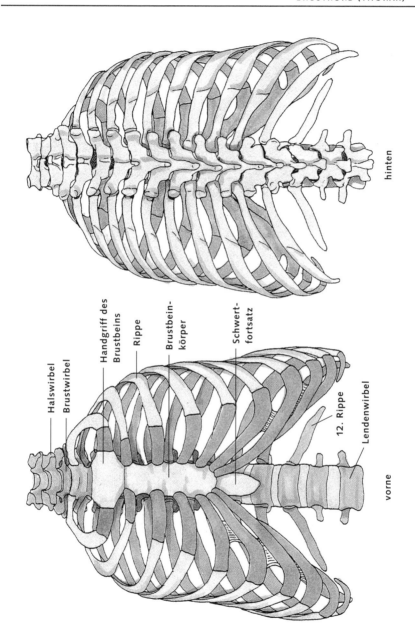

hinten

Halswirbel

Brustwirbel

Handgriff des
Brustbeins

Rippe

Brustbein-
körper

Schwert-
fortsatz

12. Rippe

Lendenwirbel

vorne

Brustkorbmuskeln

Die Brustkorbmuskeln werden unterteilt in die Muskeln der Brustwand (z. B. großer und kleiner Brustmuskel), die inneren und äußeren Zwischenrippenmuskeln (Mm. intercostales externi und interni) und das zwischen Brust- und Bauchraum gelegene Zwerchfell (Diaphragma).

Zwischenrippenmuskeln (Mm. intercostales)

Die inneren und äußeren Zwischenrippenmuskeln befinden sich, wie ihr Name schon sagt, zwischen den Rippen und verlaufen in entgegengesetzter Richtung, wobei sich ihre Fasern nahezu im rechten Winkel zueinander kreuzen.

Die äußeren Zwischenrippenmuskeln verlaufen schräg von hinten oben nach vorne unten. An der Knorpel-Knochen-Grenze der Rippen gehen sie in eine zarte bindegewebige Membran über, die am Brustbein ansetzt.

Die inneren Zwischenrippenmuskeln verlaufen zwischen den einzelnen Rippen von hinten unten nach vorne oben und gehen hinten ab dem Rippenwinkel in eine Membran über, die bis an die Brustwirbelsäule heranreicht.

Die inneren Zwischenrippenmuskeln werden noch durch einen zweiten, ebenfalls auf der Innenseite des Brustkorbs gelegenen Muskel, den queren Brustmuskel (M. transversus thoracis), unterstützt.

Die Funktion der Zwischenrippenmuskeln ist bis heute noch nicht vollständig geklärt. Während sie bei ruhiger Atmung kaum aktiv beteiligt sind und hier auch nur der obere Brustkorbanteil, sollen sie bei forcierter Atemtätigkeit, etwa beim Sport, die Aus- (innere Zwischenrippenmuskulatur und querer Brustmuskel) und die Einatmung (äußere Zwischenrippenmuskeln) zumindest unterstützen.

Zwerchfell (Diaphragma)

Das Zwerchfell trennt den Bauchraum vom Brustraum. In seinem Aufbau ist es vergleichbar mit einer flachen gewölbten Muskelplatte, die an einigen Stellen durchlöchert ist. Durch diese Löcher treten die Speiseröhre, die großen Blutgefäße und die Nerven zur Versorgung der «unteren Körperhälfte» hindurch. Das Zwerchfell ist an den Wirbelkörpern der Lendenwirbelsäule, den unteren Rippen und am Schwertfortsatz des Brustbeins befestigt. Hierdurch erhält es die Form einer in den Brustraum hineinragenden Kuppel, wobei das Kuppeldach von einer festen Sehnenplatte und der Rest aus Muskulatur gebildet wird. Das Zwerchfell ist der wichtigste Atemmuskel des menschlichen Körpers.

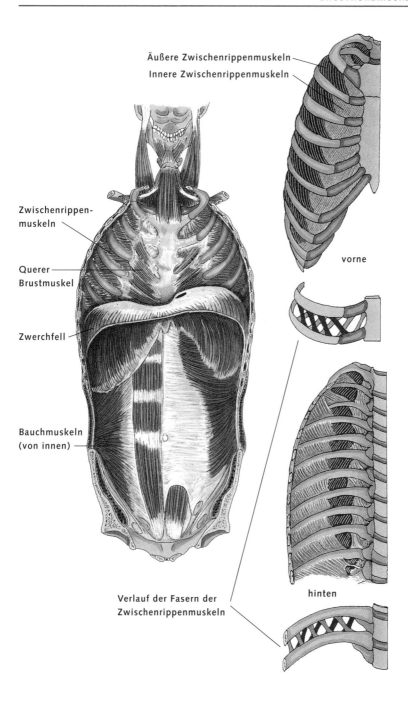

Äußere Zwischenrippenmuskeln

Innere Zwischenrippenmuskeln

Zwischenrippen-
muskeln

Querer
Brustmuskel

Zwerchfell

Bauchmuskeln
(von innen)

vorne

hinten

Verlauf der Fasern der
Zwischenrippenmuskeln

Atemmechanik

Um die Mechanik der Atmung verstehen zu können, muß man wissen, daß die Lungen in die Brusthöhle so fest eingebaut sind, daß sie zwangsläufig jede Bewegung des Brustkorbs und des Zwerchfells mitmachen müssen. So erweitern sich die Lungen beim Heben des Brustkorbs und füllen sich mit Luft, und sie verkleinern sich beim Senken, wobei die Luft herausgepreßt wird. Atmung aus mechanischer Sicht ist also nichts anderes als eine rhythmische Volumenänderung des Brustraums.

Bei einer Kontraktion des Zwerchfells kommt es zu einer Abflachung der oben beschriebenen Kuppel, und das Zwerchfell tritt in den Bauchraum ein. Die Baucheingeweide und die Bauchmuskeln geben dem Druck nach und treten nach außen hervor. Das Volumen des Brustraums wird vergrößert, die Lungen folgen der Vergrößerung, und Luft strömt in sie hinein. Bei der Ausatmung kontrahieren sich die Bauchmuskeln, der Druck im Bauchraum wird erhöht und das Zwerchfell wieder nach oben in den Brustkorb gedrängt. Dadurch wird der Brustraum verkleinert und die Luft aus den Lungen herausgepreßt. Dieser Vorgang heißt Bauch- oder Zwerchfell-atmung. Wird die Volumenänderung des Brustraums dagegen allein durch ein Heben und Senken der Rippen verursacht, spricht man von der Brust-oder Rippenatmung. Durch das Heben des Brustkorbs erweitert er sich gleichzeitig. Es entsteht ein Unterdruck (15–30 mmHg), wodurch Luft in die Lungen eingesaugt wird (Inspiration). Das tiefe Ausatmen erfolgt in erster Linie durch die Eigenelastizität des Brustkorbs (s. o.) und der Lungen.

Brust- und Bauchatmung kommen normalerweise nebeneinander vor. Rippenhebung und Zwerchfellsenkung bewirken gemeinsam die Einatmung und Zwerchfellerschlaffung und Rippensenkung gemeinsam die Ausatmung. Lediglich beim Neugeborenen und Säugling mit ihren horizontal verlaufenden Rippen überwiegt die Bauchatmung ebenso wie beim alten Menschen, bei dem die Elastizität des Brustkorbs und der Lungen nachläßt.

Kommt es während einer körperlichen Belastung zu einer intensiveren Atmung, werden die Atemmuskeln von den sogenannten Atemhilfsmuskeln unterstützt. Zu diesen Muskeln werden im Prinzip alle Muskeln gezählt, die am Brustkorb ansetzen, z. B. die Rücken-, Brust- und Nackenmuskulatur.

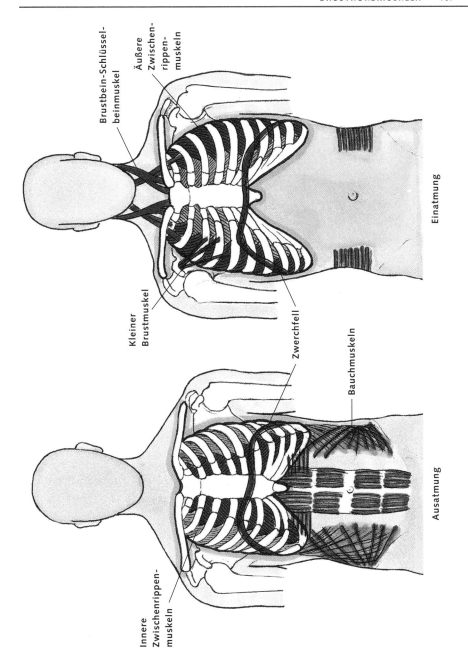

Brustbein-Schlüssel-
beinmuskel

Äußere
Zwischen-
rippen-
muskeln

Kleiner
Brustmuskel

Zwerchfell

Einatmung

Innere
Zwischenrippen-
muskeln

Bauchmuskeln

Ausatmung

Bauchmuskeln

Die Bauchwand erstreckt sich zwischen dem elastischen, verformbaren Brustkorb und dem starren Beckenring. Sie besteht aus Muskeln, Sehnen und Bindegewebshüllen (Faszien) und ist weich und elastisch. Dadurch kann sie sich den Veränderungen des Bauchhöleninhalts, also der inneren Organe und der Eingeweide, gut anpassen. Durch Zusammenziehen der Bauchmuskulatur kann die Bauchwand einen hohen Druck auf die Bauchorgane ausüben, die sogenannte «Bauchpresse». Der durch die Bauchpresse erzeugte hohe Druck im Bauchinnenraum unterstützt die Entleerung des Darms und der Harnblase. Eine große praktische Bedeutung kommt dieser Druckerhöhung beim Geburtsakt für die Erweiterung des Geburtskanals zu. Beim Sport und im Alltag ist die Druckerhöhung im Bauchraum für die Stabilisierung der Wirbelsäule von vorne sehr wichtig und somit für die Aufrechterhaltung der physiologischen Wirbelsäulenkrümmung von entscheidender Bedeutung.

Die Bauchmuskulatur setzt sich im wesentlichen aus vier Muskelgruppen zusammen:

❶ Äußerer schräger Bauchmuskel (M. obliquus externus abdominis)
❷ Innerer schräger Bauchmuskel (M. obliquus internus abdominis)
❸ Gerader Bauchmuskel (M. rectus abdominis)
❹ Querer Bauchmuskel (M. transversus abdominis)

Der Verlauf der Muskelfasern der einzelnen Bauchmuskeln ist so angeordnet, daß sie den Bauchraum optimal verspannen, da sie miteinander verflochten sind und so ein stabiles Muskelnetz bilden.

Die Bauchmuskeln gehören zu den phasischen Muskeln, sollten also, da sie zur Abschwächung neigen, regelmäßig trainiert werden, da sie ganz wesentlich zur Stabilisierung der Wirbelsäule beitragen und einem Hohlkreuz entgegenwirken können.

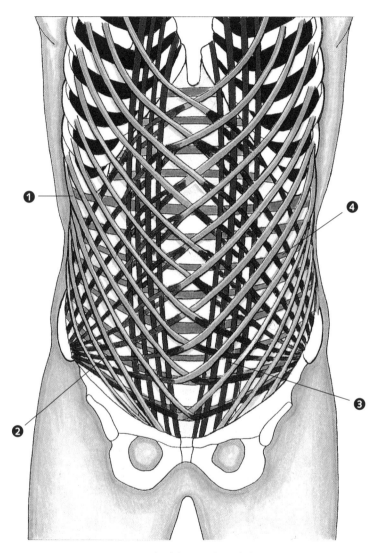

Faserverlauf der Bauchmuskeln

Gerader Bauchmuskel (M. rectus abdominis)

Er verläuft als flacher, bandförmiger Muskel vom Brustkorb gerade hinunter zum Becken. Er wird durch drei bis vier quer verlaufende Sehnen in mehrere Abschnitte unterteilt, die bei schlanken muskulösen Personen den sogenannten «Waschbrettbauch» hervorrufen.

Der gerade Bauchmuskel entspringt mit fleischigen Zacken von den Knorpeln der 3.–7. Rippe sowie vom Schwertfortsatz des Brustbeins.

Im unteren Viertel wird der Muskel deutlich schmaler, bevor er schließlich mit einer kurzen, aber kräftigen Sehne am oberen Rand des Schambeins ansetzt.

Der gerade Bauchmuskel beugt den Oberkörper nach vorne und ist damit der wichtigste Gegenspieler der tiefen langen und kurzen Rückenmuskeln.

Äußerer schräger Bauchmuskel (M. obliquus externus abdominis)

Er ist der größte und am oberflächlichsten gelegene Bauchmuskel.

Der äußere schräge Bauchmuskel entspringt sägezahnartig von der Außenfläche der 5.–8. Rippe.

Der Muskel verläuft von oben außen nach unten innen, wobei seine Fasern die des inneren schrägen Bauchmuskels im rechten Winkel durchkreuzen und setzt am Darmbeinkamm und der bindegewebigen Platte an, die die Bauchmuskeln einhüllt (Rektusscheide).

Die beidseitige Kontraktion bewirkt eine Rumpfbeuge nach vorne und die einseitige Kontraktion eine Drehung des Rumpfes zur Gegenseite.

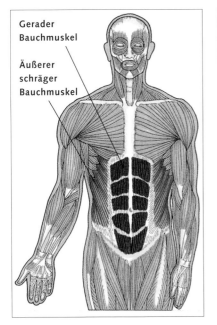

Gerader
Bauchmuskel

Äußerer
schräger
Bauchmuskel

Innerer schräger Bauchmuskel (M. obliquus internus abdominis)

Er wird nahezu vollständig vom äußeren schrägen Bauchmuskel überdeckt und ist deutlich kleiner als dieser. Seine Fasern verlaufen in genau entgegengesetzter Richtung.

Der innere schräge Bauchmuskel entspringt von der Darmbeinkante und der Lendenrückenbinde (Fascia thoracolumbalis) und verläuft fächerförmig von unten außen nach oben innen.

Seine Fasern enden z. T. in der Rektusscheide, ein Großteil zieht jedoch bis zu den unteren Rippen.

Wie der äußere schräge Bauchmuskel beugt er bei beidseitiger Kontraktion den Oberkörper nach vorne. Bei einseitiger Kontraktion dreht er den Rumpf zur gleichen Seite.

Querer Bauchmuskel (M. transversus abdominis)

Der quere Bauchmuskel wird von den schrägen Bauchmuskeln vollständig bedeckt und verläuft quer über den Bauchraum. Dieser Muskel ist an keiner Bewegung direkt beteiligt. Er ist aber der Muskel mit der besten Wirkung auf die Bauchpresse und hauptverantwortlich für die «schlanke Taille».

Die quer verlaufenden Fasern können als eine Art elastische Bauchbinde angesehen werden, die die taillenförmige Einschnürung oberhalb der Beckenkämme verursacht.

Die Bauchmuskeln haben noch eine weitere wichtige Funktion, denn sie zählen zur Gruppe der Atemmuskeln. Indem sie, wie schon oben erwähnt, den Druck im Bauchinnenraum erhöhen, weicht das elastische Zwerchfell nach oben aus und verkleinert den Brustraum. Die Luft wird aus dem Brustkorb hinausgedrückt, die Bauchmuskeln sind so aktiv an der Ausatmung beteiligt.

Die Bauchmuskeln werden am besten durch die sogenannten «sit ups» trainiert, wobei der Oberkörper aus der liegenden Position entweder gerade (gerader Bauchmuskel) oder schräg nach vorne (schräge Bauchmuskeln) angehoben wird. Bei diesen Übungen sollte jedoch vermieden werden, die Beine, z. B. durch Unterklemmen der Füße, zu fixieren, da in diesem Falle weniger die Bauchmuskulatur, sondern vielmehr der Hüftbeuger (M. iliopsoas) trainiert wird: Die Übungen werden am besten ausgeführt, indem die Beine in der Hüfte gebeugt und auf einem Stuhl oder Kasten abgelegt werden, da hierdurch die Funktion des Hüftbeugers ausgeschaltet wird.

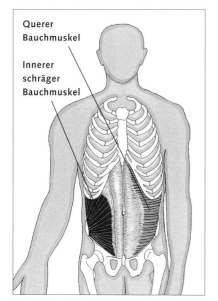

Querer
Bauchmuskel

Innerer
schräger
Bauchmuskel

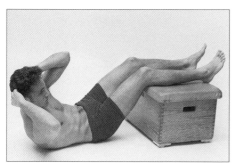

SCHULTER

Die Schulter besteht aus Schultergürtel und Schultergelenk. Ihre Form wird sowohl durch die beteiligten Knochen als auch die umgebenden Muskeln geprägt. So ist von vorne das Schlüsselbein (Clavicula) nahezu in seiner gesamten Länge sichtbar, während von den übrigen Knochen hinten normalerweise nur die Gräte (Spina scapulae) des Schulterblattes zu sehen ist. Das Schulterrelief, d. h. die äußere Form, wird weitgehend von der Schultergürtel- und Schultergelenkmuskulatur bestimmt.

Die Schulter hat im Verlauf der menschlichen Entwicklungsgeschichte in Aufgabe und Funktion einen grundlegenden Wandel erfahren. Während sich in der frühen Entwicklungsgeschichte Schulter und Becken die Last des Körpers gleichmäßig aufteilten, sind bei den höheren Evolutionsstufen die Aufgaben schon ungleich verteilt: Die Fortbewegung spielt sich in erster Linie an den hinteren Gliedmaßen mit dem Beckengürtel ab. Die vorderen Gliedmaßen fangen lediglich noch die auftretenden Erschütterungen federnd ab.

Beim aufrecht gehenden Zweibeiner fallen den oberen und unteren Gliedmaßen grundsätzlich unterschiedliche Aufgaben zu. Die unteren Gliedmaßen dienen ausschließlich der Fortbewegung. Aus diesem Grunde ist der Beckengürtel wie ein starrer Ring aufgebaut, der eine sehr feste Verbindung mit der Wirbelsäule im Kreuz-Darmbein-Gelenk eingeht.

Ganz anders sind hingegen die im Dienste des Greifens und Tastens stehenden oberen Extremitäten gebaut. Der Schultergürtel, der dem Brustkorb locker aufliegt, ist in sich sehr beweglich und geht mit der Wirbelsäule nur eine indirekte Verbindung über das Gelenk zwischen Brust- und Schlüsselbein ein. Durch diesen Aufbau wird die extrem große Beweglichkeit der menschlichen Greiforgane, der Arme und Hände, gewährleistet.

Diese Beweglichkeit der Arme wird durch ein enges Zusammenspiel der Schultergürtelgelenke mit dem Schultergelenk und zusätzlichen «Schulternebengelenken» ermöglicht. Das Armkreisen im Sport ist somit nicht eine Bewegung, die allein im Schultergelenk ausgeführt wird, sondern sie setzt sich kombiniert in Zusammenarbeit von insgesamt fünf Gelenken im Schulterbereich zusammen.

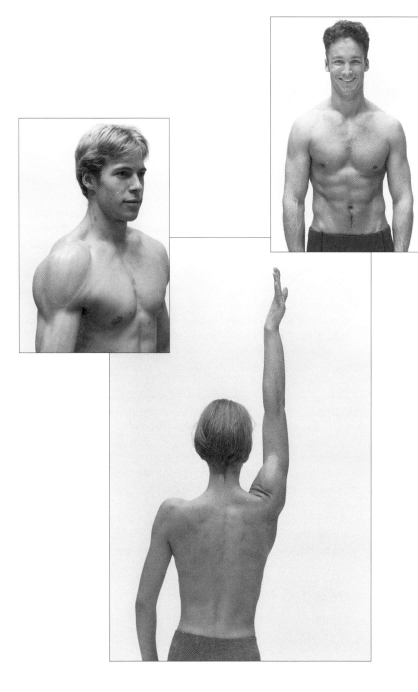

Schultergürtel

Der Schultergürtel besteht aus:
A dem vorne gelegenen Schlüsselbein
B dem hinten auf den Rippen liegenden Schulterblatt.

Diese Knochen bilden einen Gürtel, der vorne über das Brustbein und hinten über die Muskulatur geschlossen ist.

Die *Schlüsselbeine* (*Claviculae*) sind zwei s-förmig geschwungene, längliche Knochen, die das Brustbein **C** mit den Schulterblättern verbinden. Die Verbindungen finden am Brustbein über das innere Schlüsselbeingelenk (Sternoclaviculargelenk) und an den Schulterblättern über die Schultereckgelenke (Acromioclaviculargelenke) statt.

Die *Schulterblätter* (*Scapulae*) sind dreieckige platte Knochen, die auf der Vorder- und Rückseite von Muskeln bedeckt sind. Die Schulterblätter dienen mit all ihren Flächen, Vorsprüngen und Kanten vielen Muskeln als Anheftungsfläche. Die Rückseite wird von der sogenannten Schulterblattgräte **1** (Spina scapulae) in zwei Teile geteilt.

Die Schulterblattgräte verbreitert sich nach außen hin und liegt wie ein Dach über der Schulterpfanne. Dieses «Dach» ist die sogenannte Schulterhöhe (Acromion) **2**. Außen besitzen die Schulterblätter eine flache, platte Fläche, die die Pfanne **3** des Schultergelenks bildet. Oberhalb der Pfanne erstreckt sich nach vorne ein leicht hakenförmiger, knöcherner Vorsprung, der Rabenschnabelfortsatz **4** (Processus coracoideus). Von hier entspringen der kurze Kopf des M. biceps und der kleine Brustmuskel (M. pectoralis minor) sowie der Hakenarmmuskel (M. coracobrachialis).

Die Schulterhöhe und der Rabenschnabelfortsatz sind durch ein kräftiges Band miteinander verbunden (Ligamentum coracoacromiale). Diese drei Strukturen bilden das Schulterdach.

Der Schlüsselbeinbruch entsteht meist durch Sturz auf den ausgestreckten Arm (z. B. Reitunfall), ganz selten durch direkte Gewalteinwirkung (z. B. Schlag). Betroffen ist in den meisten Fällen das mittlere Drittel des Schlüsselbeines. Die Therapie ist fast immer konservativ, d. h. mit Hilfe von bestimmten Verbänden (Rucksackverband, Desaultverband) wird der Knochen ruhiggestellt. Nur in Ausnahmefällen ist eine Operation erforderlich.

Bei Überlastung der am Rabenschnabelfortsatz ansetzenden Muskeln, z. B. nach intensivem Schmettertraining beim Volleyball oder Aufschlagtraining beim Tennis, kann es zu einem schmerzhaften Reizzustand kommen (Coracoiditis). Auch durch lang anhaltenden Druck auf diesen Knochenvorsprung, beispielsweise bei Schützen oder Biathleten durch den Gewehrkolben, können Schmerzen am Rabenschnabelfortsatz entstehen.

Schultergürtel (von oben)

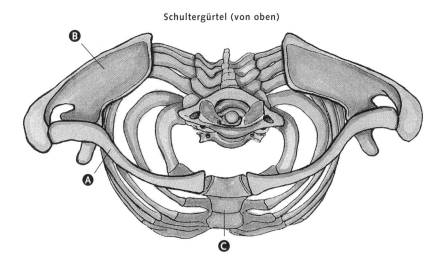

Schulterblatt

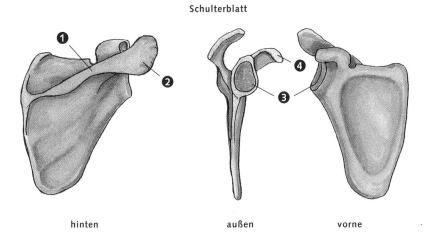

hinten   außen   vorne

Gelenke des Schultergürtels und der Schulter

In vielen Sportdisziplinen, wie beispielsweise in den Wurfsportarten (Speerwerfen, Handball), den Rückschlagspielen (Tennis, Squash), den gymnastischen Disziplinen (Rhythmische Sportgymnastik, Kunstturnen) usw., ist eine extrem gute Beweglichkeit des Armes in der Schulter gefordert. Aber auch im Alltag und Beruf (Malen, Mauern, Fensterputzen) verlangen die sogenannten Überkopfarbeiten eine außerordentlich gute Schulterbeweglichkeit.

Diese Beweglichkeit wird jedoch erst durch ein enges Zusammenspiel des Schultergelenks mit den sogenannten Nebengelenken ermöglicht. Insgesamt sind bei der Bewegung des Armes in der Schulter fünf Gelenke beteiligt:

❶ Schultergelenk (Glenohumeralgelenk)
❷ Schultereckgelenk (Acromioclaviculargelenk)
❸ Schulterdach-Oberarmkopfgelenk (Subakromiales Nebengelenk)
❹ Brustbein-Schlüsselbein-Gelenk (Sternoclaviculargelenk)
❺ Brustkorb-Schulterblatt-Gelenk

Schultereckgelenk (Acromioclaviculargelenk)

Als Schultereckgelenk wird die Verbindung zwischen dem Schlüsselbein und der Schulterhöhe bezeichnet. Dieses Gelenk ist durch insgesamt drei Bänder sehr straff und gut gesichert.

In diesem Gelenk kann es einerseits durch chronische Überlastung, besonders bei Turnern, Werfern, Bodybuildern und Golfern, zu Verschleißerscheinungen (Arthrose) kommen, was die Schultergürtelbeweglichkeit erheblich einschränken und schmerzhaft machen kann. Andererseits können durch Sturz auf die Schulter, beispielsweise beim Judo, Skifahren oder Handball, akute Verletzungen mit Zerreißung des Bandapparats und nachfolgender Instabilität entstehen (Schultereckgelenksprengung), die in schweren Fällen operativ versorgt werden müssen.

Schultergelenk mit den
Schulternebengelenken

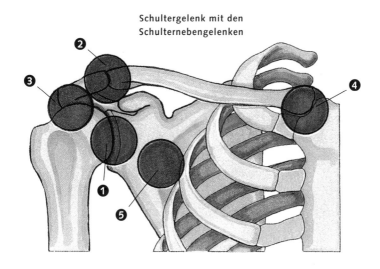

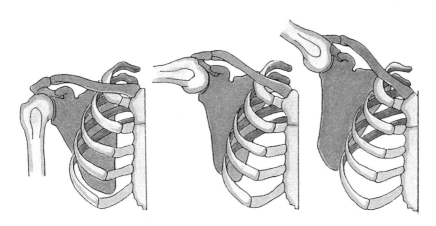

Bewegung von Schultergelenk
und Schulterblatt beim
Abspreizen des Armes

Schultergelenk

Das Schultergelenk wird vom Schulterblatt (Scapula) und dem Oberarmknochen (Humerus) gebildet. Die Gelenkpfanne liegt am äußersten Rand des Schulterblatts, ist sehr flach und hat eine birnenförmige Kontur. Die Pfanne wird durch eine Gelenklippe aus Knorpel und Bindegewebe verstärkt, um so die Kontaktfläche mit dem Oberarmkopf zu vergrößern.

Nur ein Drittel bis ein Viertel des Oberarmkopfumfanges hat Kontakt mit der Gelenkpfanne. Das Gelenk ist umgeben von einer relativ dünnen, weiten und schlaffen Gelenkkapsel, die an der Vorderwand besonders schwach ausgebildet ist. Aufgrund des Mißverhältnisses zwischen Kopf und Pfannengröße fehlt der Schulter die knöcherne Führung, wie sie beispielsweise beim Hüftgelenk gegeben ist. Die Gelenksicherung erfolgt in erster Linie durch die Muskulatur und zu einem kleinen Teil über die Bänder.

Hierdurch wird die Schulter zwar zu einem der beweglichsten Gelenke des menschlichen Körpers, sie ist aber gleichzeitig auch erheblichen Verletzungsgefahren, besonders beim Sport, ausgesetzt.

Die mangelhafte knöcherne Führung, die schlaffe, dünne Gelenkkapsel und die gute Beweglichkeit begünstigen die Auskugelungen des Schultergelenks. Diese Auskugelungen (Luxationen) treten meist bei Wurf- oder Kampfsportarten auf. Hierbei springt der Oberarmkopf meistens nach vorne aus der Schulterpfanne. Die Wiedereinrenkung (Reposition) sollte wegen der Gefahr einer Durchblutungsstörung des Oberarmkopfs, der dann absterben (Knochennekrose) kann, möglichst rasch erfolgen. Das Wiedereinrenkmanöver soll aber nur von Fachleuten durchgeführt werden, da es sonst zu zusätzlichen knöchernen Verletzungen und Nervenschädigungen kommen kann. Zudem ist es sinnvoll, vorher ein Röntgenbild anfertigen zu lassen, um knöcherne Verletzungen im Vorwege auszuschließen. Bei der ersten Auskugelung genügt es, die Schulter für ca. 14 Tage in einem Verband ruhigzustellen, um den zerrissenen Kapselstrukturen die Möglichkeit zu geben zu verheilen. Kommt es jedoch wiederholt zu Auskugelungen, ist in der Regel eine operative Stabilisierung des Gelenks erforderlich.

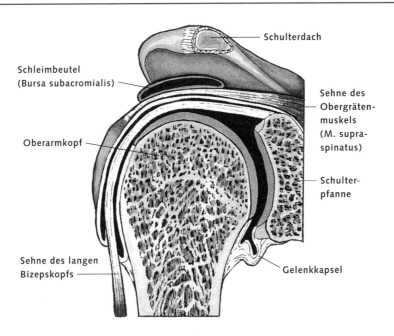

Schulterdach

Schleimbeutel
(Bursa subacromialis)

Sehne des
Obergräten-
muskels
(M. supra-
spinatus)

Oberarmkopf

Schulter-
pfanne

Sehne des langen
Bizepskopfs

Gelenkkapsel

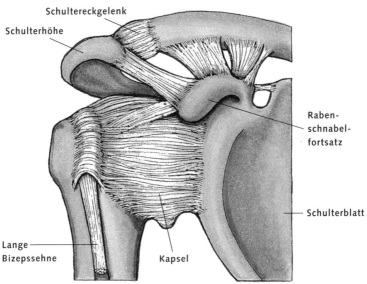

Schultereckgelenk

Schulterhöhe

Raben-
schnabel-
fortsatz

Schulterblatt

Lange
Bizepssehne

Kapsel

Schulterdach-Oberarmkopf-Gelenk (Subakromiales Nebengelenk)

In diesem «Nebengelenk» gleitet der Oberarmkopf beim Abspreizen des Armes unter dem Schulterdach hindurch. Als Gleitschicht dient dabei der unter dem Schulterdach liegende Schleimbeutel (Bursa subacromialis).

Brustbein-Schlüsselbein-Gelenk (Sternoclaviculargelenk)

Das Schlüsselbein steht über dieses Gelenk mit dem sogenannten Handgriff (Manubrium) des Brustbeins in Verbindung. Dieses Gelenk ist ein Sattelgelenk und läßt somit zwei Bewegungsebenen zu: Das Schlüsselbein kann sowohl nach hinten und vorne als auch nach oben und unten bewegt werden.

Innerhalb der Gelenkhöhle des Sternoclaviculargelenks findet sich zudem eine Art Meniskus, der bis zu einem gewissen Grade noch eine dritte Bewegungsebene ermöglicht, die Drehung. Zu einer derartigen Rotation des Schlüsselbeins kommt es immer, wenn wir den Arm im Schultergelenk seitwärts abspreizen.

Brustkorb-Schulterblatt-Gelenk

Hierbei handelt es sich um kein echtes Gelenk, sondern um ein «Nebengelenk». Bei nahezu allen Bewegungen des Armes kommt es zu Mitbewegungen des Schulterblatts, das auf den Rippen des Brustkorbs hin- und herverschoben wird. Dabei gleitet das Schulterblatt in einer Gleitschicht aus lockerem Bindegewebe zwischen dem auf der Vorderseite sitzenden Unterschulterblattmuskel (M. subscapularis) und dem auf dem Rippenfell liegenden vorderen Sägemuskel (M. serratus anterior).

Wegen der räumlichen Enge zwischen Oberarmkopf und Schulterdach kommt es an den dazwischen liegenden Strukturen häufig zu Reizerscheinungen. Hiervon sind entweder der Schleimbeutel oder die Muskelmanschette (Rotatorenmanschette) betroffen. Durch eine chronische Überlastung in diesem Bereich reagieren die Schleimbeutel mit einer akuten oder chronischen Schleimbeutelentzündung (Bursitis) und/ oder die Muskeln mit einer Sehnenansatzerkrankung und Sehnenverkalkung. Entleert sich der Kalk aus der Sehne in den darüber liegenden Schleimbeutel, kommt es zu akut einsetzenden heftigen Schmerzen, die wegen ihrer Intensität auch als «akuter Schulterschuß» bezeichnet werden. Eine ähnliche Symptomatik können auch die chronisch überlasteten Muskeln der Rotatorenmanschette, besonders der Obergräten- muskel (M. supraspinatus), auslösen. Auch hier kommt es zu hartnäckigen Beschwerden, insbesondere nachts und beim Abspreizen des Armes. Der Sehnenverschleiß kann so weit voranschreiten, daß die Sehne schließlich zerreißt (Rotatorenmanschettenriß). Je nach Ausmaß der Beschwerden, Alter des Patienten und Funktionsverlust wird solch ein Muskelriß operiert oder konservativ behandelt.

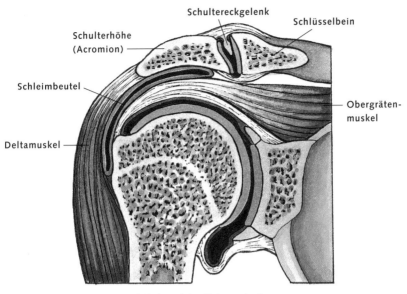

Subakromiales Nebengelenk

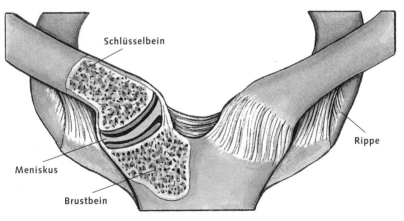

Brustbein-Schlüsselbein-Gelenk

Schultergürtelmuskeln

Funktionell unterscheidet man zwei Gruppen von Muskeln an der Schulter:
Schultergürtelmuskeln:
alle Muskeln, die am Schulterblatt und am Schlüsselbein ansetzen.
Schultergelenkmuskeln:
alle Muskeln, die am Oberarmkopf ansetzen.

Kappen-, Kapuzen- oder Trapezmuskel (M. trapezius)

Der Kapuzenmuskel gilt als der Nackenmuskel schlechthin. Er liegt direkt unter der Haut und prägt das Relief von Nacken und oberem Rücken. Er verläuft vom Hinterhaupt, dem Nackenband und den Dornfortsätzen des 1.–11. (12.) Brustwirbels zum äußeren Drittel des Schlüsselbeins, zur Schulterhöhe und Schulterblattgräte (Spina scapulae).

Nach dem Verlauf seiner Fasern werden beim Kapuzenmuskel drei Teile unterschieden, die auch unterschiedliche Funktionen haben:

❶ **Absteigender Teil:**
von den Halswirbeln zum äußeren Drittel des Schlüsselbeins. Diese Muskelfasern bilden die seitliche Kontur des Halses.

❷ **Quer verlaufender Teil:**
von den oberen Brustwirbeln quer zur Schulterhöhe (Acromion). Dieser Teil ist sehr dick und kräftig und springt während der Kontraktion deutlich hervor.

❸ **Aufsteigender Teil:**
vom 3. bis zum 11. (manchmal 12.) Brustwirbel steil nach oben zur Schulterblattgräte ziehend.

Der *absteigende* Teil (Pars descendens) hebt die Schulter und zieht das Schulterblatt schräg aufwärts,

der *quer verlaufende* Teil (Pars horizontalis) zieht die Schulterblätter hinten zusammen,

der *aufsteigende* Teil (Pars ascendens) zieht das Schulterblatt nach innen unten und unterstützt den absteigenden Teil in seiner Funktion, damit der Arm über die Horizontale abgespreizt und nach vorne angehoben werden kann.

Der aufsteigende Teil des Kapuzenmuskels ist ein phasischer Muskel und neigt zur Abschwächung. Er kann dann das Schulterblatt häufig nicht genügend stabilisieren. Der absteigende Teil des M. trapezius ist ein tonischer Muskel, neigt also zu Verkürzungen und Verspannungen. Hierbei kommt es zu hartnäckigen Nackenschmerzen. Bei Problemen aufgrund muskulärer Dysbalancen in diesem Bereich muß demnach eine Dehnung des absteigenden Teils und eine Kräftigung des aufsteigenden Teils dieses Muskels erfolgen.

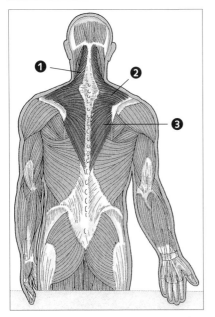

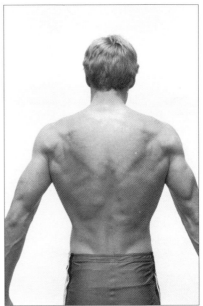

Schulterblattheber
(M. levator scapulae)

Der Schulterblattheber wird vom Kapuzenmuskel überdeckt. Er dient wie dieser
der Schulterblattbewegung zur optima-
len Einstellung der Schulterpfanne und
damit der besten Ausgangsstellung für
eine kraftvolle Armbewegung.

Er entspringt von den Querfortsätzen
des 1.–4. Halswirbels und zieht zum oberen Schulterblattwinkel.

Dieser Muskel unterstützt den Rautenmuskel und den vorderen Sägemuskel, indem er das Schulterblatt nach vorn
oben hebt, wobei die Schulterpfanne sich
nach unten neigt. Er dient somit der
Rückführung des erhobenen Armes in
die Ausgangsstellung.

Der Schulterblattheber neigt als tonischer Muskel zu Verspannungen und ist gemein-
sam mit dem M. trapezius häufig Ursache «hartnäcki-
ger» Kopf- und Nacken-
schmerzen. Die Therapie besteht in einer gezielten Muskeldehnung und Vermeidung
von einseitigen lang andau-
ernden Körperpositionen, wie
falsches Sitzen oder Stehen.

Rautenmuskel
(M. rhomboideus)

Der Rautenmuskel wird wie der Schulterblattheber ebenfalls vom Kapuzenmuskel (M. trapezius) überdeckt und ist
an der Körperoberfläche fast nicht sichtbar. Er läßt sich meist in einen kleinen,
kopfwärts (M. rhomoideus minor) und
einen großen, fußwärts (M. rhomboide-
us maior) gelegenen Teil unterscheiden.

Er entspringt von den Dornfortsätzen des 6. und 7. Halswirbels und des
1.–4. Brustwirbels und zieht zur inneren
Kante des Schulterblatts.

Der Rautenmuskel zieht den inneren
Rand des Schulterblatts nach innen oben
und dreht dabei die Fläche der Schulterpfanne nach schräg oben. Er ist somit wie
der Schulterblattheber an der Rückführung des erhobenen Armes in die
Ausgangsstellung beteiligt.

Er ist ein phasischer Muskel und neigt
zur Abschwächung.

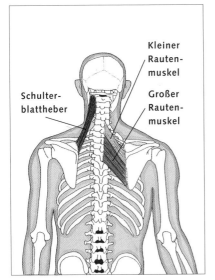

Kleiner
Rauten-
muskel

Großer
Rauten-
muskel

Schulter-
blattheber

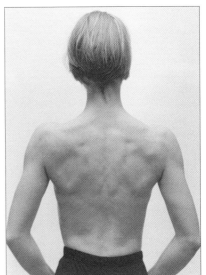

Vorderer Sägemuskel
(M. serratus anterior)

Der vordere Sägemuskel liegt fächerförmig zwischen der seitlichen Brustwand und dem Schulterblatt. Sein sägeblattförmiger unterer Teil ist bei muskelkräftigen, schlanken Personen vorne seitlich am Rumpf zu erkennen.

Er entspringt mit neun Zacken von den ersten neun Rippen und zieht dann längs des Brustkorbs nach hinten unter das Schulterblatt und zwischen dem Schulterblatt und der Brustwand verlaufend zum inneren Schulterblattrand.

Der vordere Sägemuskel ist einer der wichtigsten Stabilisatoren des Schulterblatts, indem er es an die Brustwand heranzieht und damit fixiert. Sein unterer Teil (Pars inferior) zieht den unteren Rand des Schulterblatts nach vorne und richtet die Gelenkpfanne nach schräg aufwärts, ist also am Heben des Armes über die Horizontale hinaus beteiligt.

Sein oberer Teil (Pars superior) hingegen arbeitet genau entgegengesetzt, indem er das Schulterblatt so dreht, daß die Pfanne nach unten gerichtet ist und damit den erhobenen Arm wieder nach unten führt. Darüber hinaus ist der vordere Sägemuskel bei fixiertem Schulterblatt als Rippenheber ein Atemhilfsmuskel.

Der vordere Sägemuskel ist im Sport besonders wichtig bei Stützübungen, bei denen es darauf ankommt, daß das Schulterblatt fest fixiert ist. Das klassische Beispiel ist der Liegestütz, der nur bei ausreichend kräftigem vorderem Sägemuskel wirklich wirkungsvoll für ein Armtraining ist. Ist der M. serratus anterior zu schwach, können sich Liegestütze schädlich auf das Schultergelenk und Schulterblatt auswirken, die bei ungenügender Stabilität schneller verschleißen können.

Kleiner Brustmuskel
(M. pectoralis minor)

Der Kleine Brustmuskel kommt im Gegensatz zu den bisher beschriebenen Schultergürtelmuskeln von der vorderen Brustwand vom vorderen Ende der 3.–5. Rippe. In den meisten Fällen zieht er zum Rabenschnabelfortsatz (Processus coracoideus).

Der M. pectoralis minor zieht das Schulterblatt an die Brustwand heran und trägt zu dessen Stabilisierung bei. Zudem senkt er die Schulterpfanne nach unten und dient bei fixierter Schulter als Hilfsmuskel für die Einatmung.

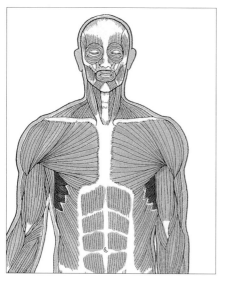

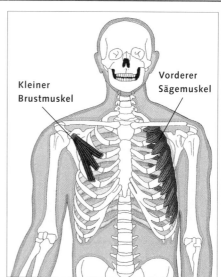

Kleiner
Brustmuskel

Vorderer
Sägemuskel

Schultergelenkmuskeln

Die Schulter braucht aufgrund ihrer großen Beweglichkeit und der mangelhaften knöchernen Führung eine große Zahl von Muskeln, die den Arm bewegen und das Gelenk stabilisieren. Zu den Schultergelenkmuskeln werden alle Muskeln gezählt, die vom Rumpf oder Schulterblatt kommen und am Oberarm ansetzen.

Deltamuskel (M. deltoideus)

Während das Nackenrelief vom absteigenden Teil des Kapuzenmuskels (M. trapezius) geformt wird, erhält die Schulter ihre Kontur durch den Deltamuskel. Er verleiht der Schulter ihre runde Form und kann als der wohl wichtigste Muskel des Schultergelenks bezeichnet werden, da er in irgendeiner Form an jeder Bewegung im Schultergelenk beteiligt ist. Seine typische Dreieckform erhält er durch seine anatomische und funktionelle Dreiteilung. Er entspringt:

1. vom äußeren Schlüsselbeinende (Pars clavicularis)
2. von der Schulterhöhe (Pars acromialis)
3. von der Schulterblattgräte (Pars spinalis)

Die drei Teile des Deltamuskels vereinigen sich an der Außenseite des Oberarms und setzen mit einer gemeinsamen kräftigen Sehne an der Außenseite im mittleren Drittel des Oberarms an.

Der Ansatz des Deltamuskels ist ein sogenannter Triggerpunkt der Schulter, d. h. daß sich die Schmerzen bei einer Vielzahl von Beschwerden und Erkrankungen an der Schulter auf diesen Ansatzpunkt projizieren. So verspüren Patienten mit Problemen an der Rotatorenmanschette typischerweise nachts beim Liegen auf der erkrankten Schulter Schmerzen am Ansatz des Deltamuskels an der Außenseite des Oberarms.

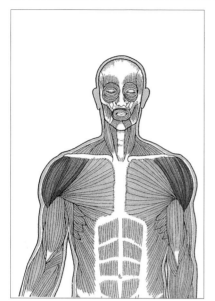

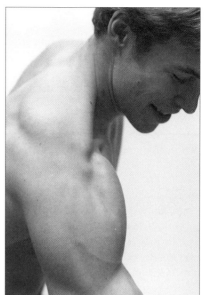

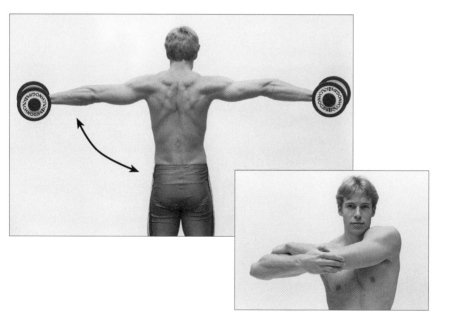

Der vom Schlüsselbein kommende Teil des Muskels dreht den Arm einwärts.

Der Teil des Muskels, der von der Schulterhöhe kommt, ist der kräftigste Abspreizmuskel. Er ist gewissermaßen der Kran des Oberarms und hebt den Arm bei allen alltäglichen (z. B. Kämmen, Schreiben, Abwaschen usw.) und sportlichen Belastungen. Er spreizt den Arm nämlich nicht nur ab, sondern er sichert den Arm in jeder Stellung beim Anheben nach vorn.

Fällt der Teil des Deltamuskels, der von der Schulterblatthöhe (Pars acromialis) kommt, z. B. durch eine Schädigung des ihn versorgenden Achselnerven (N. axillaris), aus, kann der Arm nicht mehr seitlich abgespreizt oder angehoben werden. Die Schädigung des Achselnerven (N. axillaris) ist eine gefürchtete Komplikation bei der Auskugelung (Luxation) der Schulter.

Der von der Schulterblattgräte, also von hinten, kommende Anteil des Deltamuskels, ist an der Drehung des Armes nach außen beteiligt.

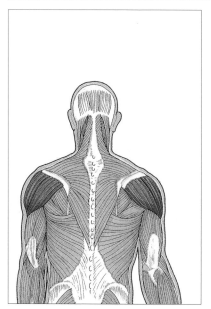

Großer Brustmuskel (M. pectoralis maior)

Der große Brustmuskel bedeckt vorne nahezu den gesamten Brustkorb und verleiht ihm, zumindest bei Männern, die Kontur. Gerade im Sport ist er in vielen Sportarten einer der wichtigsten Muskeln, da er für das kraftvolle Heranziehen des Armes an den Körper zuständig ist, wie es z. B. in den Wurfdisziplinen und beim Schwimmen gefordert wird.

Auch er setzt sich aus drei Teilen zusammen, er kommt

1. vom mittleren Drittel des Schlüsselbeins,
2. fächerförmig von der Außenseite des Brustbeins,
3. vom oberen Anteil der Bauchmuskelhülle.

Alle drei Anteile laufen in Richtung Achselhöhle zusammen, wobei es hier zu einer Überkreuzung der Muskelfasern, die von der Bauchmuskelhülle kommen, mit denen, die von oben – vom Schlüsselbein – einstrahlen, kommt. Mit einer gemeinsamen Sehne setzen die drei Teile schließlich an einer Knochenleiste am großen Höcker (Tuberculum maius) des Oberarmkopfes an.

Der große Brustmuskel zieht den Arm an den Körper heran und dreht ihn nach innen, wie es typischerweise beim Armzug im Brustschwimmen der Fall ist. Gemeinsam mit dem breiten Rückenmuskel kann er den erhobenen Arm kraftvoll nach unten senken, z. B. bei der Wurfbewegung im Handball.

Fixiert man den Oberarm und Schultergürtel, z. B. indem man sich aufstützt, ist der M. pectoralis major einer der wichtigsten Muskeln für die Einatmung.

Diese Funktion wird von Asthmatikern im Falle eines Asthmaanfalles genutzt, indem sie sich zur Unterstützung der Einatmung aufsetzen und mit den Armen abstützen. Aufgrund ihrer ausgeprägten Neigung, sich zu verkürzen, sind der große und der kleine Brustmuskel (Mm. pectoralis maior und minor) teilweise für erhebliche muskuläre Ungleichgewichte, bis hin zu schweren Haltungsfehlern, verantwortlich. Bei Verspannungen dieser Muskeln werden die Schultern nach vorn gezogen. Bei gleichzeitig schwach ausgebildeter Rückenmuskulatur an der Brustwirbelsäule (phasische Muskulatur) kommt es zur Ausbildung eines Rundrückens. Eine Vielzahl von Beschwerden und Erkrankungen kann hieraus entstehen.

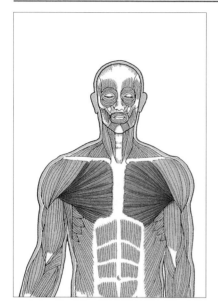

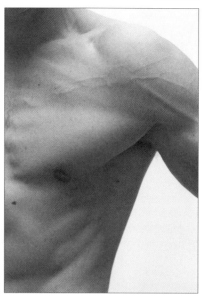

Rotatorenmanschette

Die sogenannte Rotatorenmanschette ist eine Gruppe von 4 Muskeln, die sich wie eine Manschette um den Oberarmkopf legen. Wie der Name schon sagt, dienen diese Muskeln der Rotation, also der Innen- und Außendrehung des Armes im Schultergelenk. Darüber hinaus sind sie an fast allen weiteren Bewegungen des Armes in irgendeiner Weise beteiligt und tragen wesentlich zur Gelenkführung bei, da sie den Oberarmkopf in jeder Position in die Schulterpfanne hineinziehen.

Alle vier Muskeln kommen vom Schulterblatt und setzen über die Ge-lenkkapsel, mit der sie eine feste Verbindung eingehen, am Oberarmkopf an. Zur Rotatorenmanschette gehören drei Muskeln, die am großen Oberarmhöcker (Tuberculum maius) ansetzen.

❶ Obergrätenmuskel (M. supraspinatus)

❷ Untergrätenmuskel (M. infraspinatus)

❸ Kleiner Rundmuskel (M. teres minor)

Ein Muskel der Rotatorenmanschette setzt am kleinen Oberarmhöcker (Tuberculum minus) an:

❹ Unterschulterblattmuskel (M. subscapularis)

Eine große klinische Bedeutung erlangt die Rotatorenmanschette durch ihren Verlauf vom Schulterblatt zum Oberarmkopf. Bevor die Muskeln am Oberarmkopf ansetzen, müssen sie nämlich unter dem Schulterdach hindurchziehen. Der Raum zwischen Oberarmkopf und Schulterdach (subakromialer Raum) ist jedoch sehr eng. Damit die Muskeln dennoch reibungslos diese Enge passieren können, sind zwischen Muskelmanschette und Schulterdach zwei Schleimbeutel (Bursa subacromialis und Bursa subdeltoidea) eingelagert.

Kommt es im Laufe des Lebens zu verschleiß- oder verletzungsbedingten Veränderungen dieser Strukturen, können erhebliche Beschwerden in der betroffenen Schulter entstehen. Für diese Schulterschmerzen kann nahezu jede Struktur dieses Bereichs verantwortlich sein. So können sie durch eine Entzündung der Schleimbeutel, eine Verkalkung einer Rotatorenmanschettensehne oder sogar durch einen kompletten Riß der Rotatorenmanschette verursacht werden.

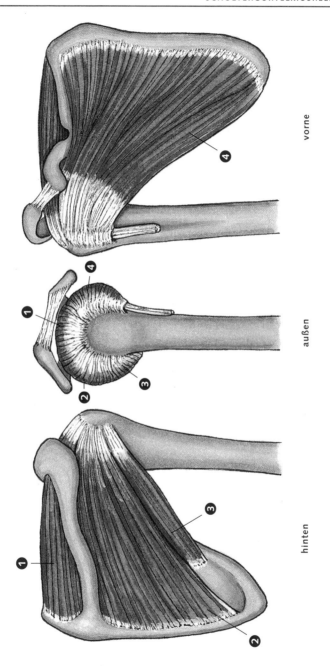

vorne

außen

hinten

Obergrätenmuskel
(M. supraspinatus)

Er entspringt als dreieckiger Muskel aus der Obergrätengrube (Fossa supraspinata) und zieht unter dem mittleren Anteil der Schulterhöhe hindurch.

Nachdem der Obergrätenmuskel die Enge zwischen Oberarmkopf und Schulterdach passiert hat, strahlt er mit seiner Sehne in die Schultergelenkkapsel ein, über die er schließlich am großen Oberarmhöcker ansetzt.

Der Obergrätenmuskel ist neben dem Deltamuskel der wichtigste Heber und Abspreizer des Armes. Zudem spannt er die Gelenkkapsel in der Weise, daß er den Oberarmkopf in der Schulterpfanne zentriert, d. h. ein Herauswandern des Kopfes nach unten verhindert.

Beim seitlichen Abspreizen des Armes gleitet der Ansatz des Muskels am Oberarmkopf ab ca. 60° unter das Schulterdach und hat dieses ab 120° vollständig passiert.

Wie oben schon erwähnt, sind die Muskeln der Rotatorenmanschette für Verschleiß und Verletzung wegen ihres Verlaufs unter dem Schulterdach besonders anfällig. Dies gilt ganz besonders für den M. supraspinatus, der im Sport bei allen Über-Kopf-Bewegungen (Tennis, Volleyball, Badminton usw) gefährdet ist. Auch beim Schwimmen kann es – bedingt durch eine falsche Technik – zu einer schmerzhaften Veränderung der Supraspinatussehne kommen. Diese sogenannte Schwimmerschulter entsteht häufig dann, wenn die Hand beim Durchziehen nach hinten zu weit weg vom Körper geführt wird. Meistens kommt es zunächst zu einem Verschleiß der Sehne, die als Reaktion auf die ständige Fehl- oder Überbelastung z. T. verkalkt. Hierdurch verdickt sie sich, und alle Bewegungen, bei denen die Sehne unter das Schulterdach gedrängt wird, sind schmerzhaft. Aus diesem Grunde schmerzt es dann typischerweise in der Schulter, wenn der Arm zwischen 60 und 120° abgespreizt wird. Dieses Phänomen wird als «schmerzhafter Bogen» bezeichnet. Außerhalb des schmerzhaften Bogens sind die Bewegungen weitgehend schmerzfrei.

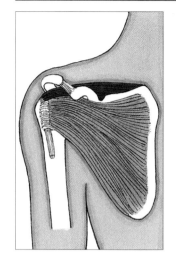

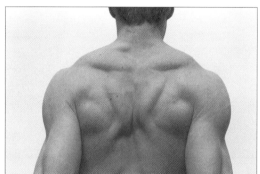

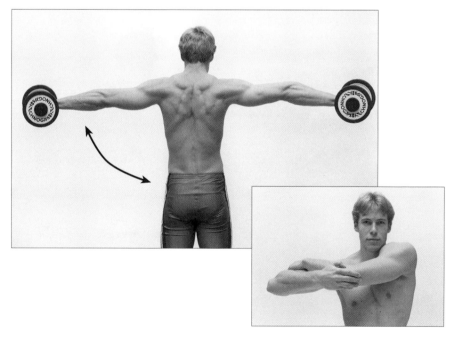

Untergrätenmuskel (M. infraspinatus)

Er entspringt aus der Schulterblattgrube unterhalb der Schulterblattgräte.

Wie der Obergrätenmuskel (M. supraspinatus), so strahlt auch der Untergrätenmuskel (M. infraspinatus) in die Schultergelenkkapsel ein und setzt hinten am Oberarmkopf unterhalb des Obergrätenmuskels am großen Höcker (Tuberculum maius) an.

Kleiner Rundmuskel (M. teres minor)

Er kommt unterhalb vom Untergrätenmuskel an der Außenfläche des seitlichen Schulterblattrandes und ist häufig mit dem Untergrätenmuskel verwachsen. Er bildet mit diesem anatomisch und funktionell eine Einheit und setzt unterhalb des Untergrätenmuskels am großen Höcker des Oberarmkopfes an.

Untergrätenmuskel und kleiner Rundmuskel drehen den Arm im Schultergelenk nach außen. Der obere Anteil des Untergrätenmuskels hilft den Arm abzuspreizen, während der untere Teil zusammen mit dem kleinen Rundmuskel den abgespreizten Arm wieder an den Körper heranführt. Wie die übrigen Muskeln der Rotatorenmanschette auch stabilisieren die beiden Muskeln den Oberarm im Schultergelenk.

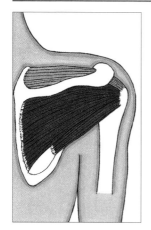

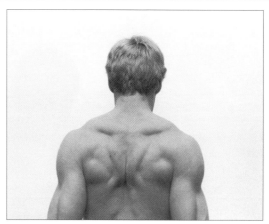

Unterschulterblattmuskel (M. subscapularis)

Der einzige Muskel der Rotatorenmanschette, der von der Vorderseite des Schulterblattes, also der dem Brustkorb zugewandten Seite, entspringt.

Der kräftige, platte, dreieckige Unterschulterblattmuskel ist mit seiner Sehne fest mit der Gelenkkapsel verwachsen und setzt am kleinen Höcker (Tuberculum minus) des Oberarmkopfes an.

In der Hauptsache dreht der Unterschulterblattmuskel den Arm nach innen. Darüber hinaus zieht er den erhobenen Arm an den Körper heran, unterstützt das Vor- und Rückführen des Armes und ist ein Stabilisator des Schultergelenks.

Bei allen Wurfsportarten und Rückschlagspielen wird der Arm in der Endphase der Bewegung aus einer extremen Außenrotation nach innen gedreht. Dies bedeutet für den M. subscapularis, daß er zunächst bei der Außendrehung maximal gedehnt wird (Ausholbewegung), um dann den Arm möglichst explosiv nach innen zu drehen. Bei falscher Wurf- oder Schlagtechnik kann dies zu einer Überlastung des Sehnenansatzes am Oberarmkopf führen. Hierbei treten Schmerzen bei passiver Außendrehung und Innendrehung des Armes gegen Widerstand auf.

Die Therapie besteht in einer vorsichtigen gezielten Dehnung des Muskels und Verbesserung der Wurf- und Schlagtechnik.

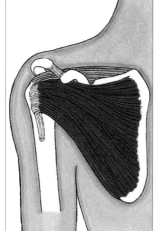

Breiter Rückenmuskel
(M. latissimus dorsi)

Der breite Rückenmuskel (M. latissimus dorsi) ist derjenige Muskel, der das Relief des Rückens am meisten prägt und bei gut trainierten Sportlern die v-förmige Kontur des Rückens verursacht. Flächenmäßig ist er der größte Muskel unseres Körpers und im Sport bei fast allen Sportarten in irgendeiner Weise beteiligt.

Er entspringt mit einer breiten Sehnenplatte von den Dornfortsätzen der unteren Hälfte der Brustwirbelsäule, der Lendenwirbelsäule und des Kreuzbeins, des weiteren vom hinteren Drittel der Beckenkämme und von den unteren Rippen.

Der Muskel verjüngt sich zum Oberarm hin von einer dünnen Muskelplatte zu einem kräftigen, dicken runden Muskelstrang. Dieser zieht von hinten am unteren Schulterblattwinkel vorbei in einer halben Schraubentour an die Vorderseite des Oberarms unterhalb des Oberarmkopfes.

Der breite Rückenmuskel zieht den über die Horizontale erhobenen Arm kraftvoll nach unten und dreht ihn nach innen. Zudem führt er den Arm nach hinten. Er ist deshalb einer der wichtigsten Muskeln für die Wurf- oder Schlagsportarten. Bei fixiertem Arm, beispielsweise an der Reckstange, zieht er den ganzen Körper hoch (Klimmzug) oder stützt den Körper auf den Barrenholmen ab.

Außerdem dient er auch noch als Atemhilfsmuskel für die Ausatmung, z. B. beim Husten.

Speziell für diesen Muskel wurde zu seiner Kräftigung die sogenannte «Lat-Maschine» entwickelt, die heute in keinem Fitneßstudio mehr fehlt. Dabei wird eine Stange aus einer sitzenden Position heraus gegen einen Widerstand nach unten gezogen. Gewissermaßen wird also ein umgekehrter Klimmzug vollführt.

Großer Rundmuskel
(M. teres maior)

Der große Rundmuskel entspringt am unteren Schulterblattwinkel und verläuft parallel zum Unterrand des breiten Rückenmuskels zum Oberarm.

Die breite kräftige Sehne setzt vorne am Oberarm unterhalb des Oberarmkopfes an einer knöchernen Leiste (Crista tuberculi minoris) an.

Wie der breite Rückenmuskel, weswegen er auch als dessen Brudermuskel bezeichnet wird, zieht der M. teres maior den abgespreizten Arm wieder an den Körper heran, dreht den Arm nach innen und zieht ihn etwas nach hinten. Am besten läßt sich seine Funktion damit beschreiben, daß er die Bewegung wie beim Verschränken beider Hände auf dem Rücken ausführt. Er wird deshalb manchmal auch als Gelehrtenmuskel bezeichnet.

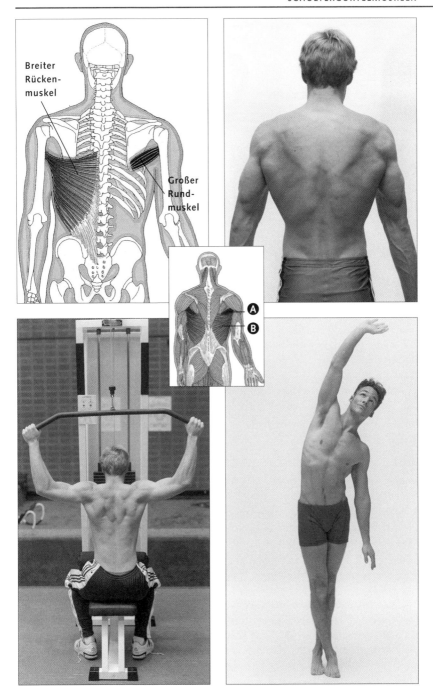

Breiter
Rücken-
muskel

Großer
Rund-
muskel

A
B

OBERARM

Oberarmknochen (Humerus)

Der Oberarmknochen ist ein länglicher Röhrenknochen. Am oberen Ende befindet sich der halbkugelige Oberarmkopf ❶ (Caput humeri), der über den Hals ❷ (Collum humeri) mit dem Schaft verbunden ist. An beiden Seiten des Oberarmhalses befinden sich der große ❸ und der kleine Höcker ❹ (Tuberculum maius und minus), die den Muskeln der Rotatorenmanschette als Ansatzpunkt dienen.

Am Unterrand der Höcker befinden sich zwei längliche knöcherne Leisten (Crista tuberculi maioris und minoris).

Hier setzen der große Brustmuskel, der breite Rückenmuskel und der große Rundmuskel am Oberarm an.

Nach unten schließt sich nun eine leichte Einschnürung an, der «chirurgische Hals». Hier treten in der Regel die Oberarmkopfbrüche auf.

Das Mittelstück, der Oberarmschaft, ist nahezu rund und besitzt in seiner Mitte an der Außenseite eine knöcherne Aufrauhung, an der der Deltamuskel (M. deltoideus) ansetzt.

In Richtung Ellbogen läuft der Oberarmknochen in zwei seitliche Knochenhöcker aus, den inneren ❺ und äußeren Gelenkknorren ❻ (Epicondylus lateralis und medialis).

An der Rückseite des inneren Knochenhöckers befindet sich eine knöcherne Rinne, in der der Ellennerv (N. ulnaris) verläuft. Der Nerv ist an dieser Stelle nur von der Haut bedeckt und liegt dadurch relativ ungeschützt. Stößt man sich an dieser Stelle den Arm, wird der Nerv irritiert, und es kommt zu heftigen Schmerzen, die bis in die Hand ausstrahlen. Aufgrund dieses Phänomens wird der innere Gelenkknorren auch als «Musikantenknochen» bezeichnet.

Am unteren Ende liegen die Gelenkflächen des Ellbogengelenks, und zwar an der Innenseite die Rolle ❼ (Trochlea), die mit der Elle gelenkig verbunden ist, und außen das halbkugelige Köpfchen ❽ (Capitulum), die Gelenkfläche für die Speiche. An der Rückseite befindet sich noch eine tiefe Aushöhlung ❾, in die der Ellenhakenfortsatz (Olecranon) bei Streckung des Unterarmes hineintaucht.

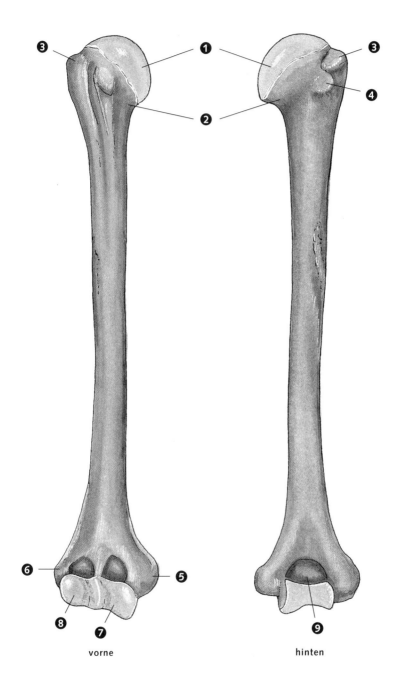

vorne   hinten

Oberarmmuskeln

Die Muskeln des Oberarms ordnen sich in zwei Gruppen um den Oberarmknochen an:

- Muskeln, die den Unterarm beugen (Vordere Muskelgruppe):
  - Armbeuger, Oberarmmuskel (M. brachialis)
  - zweiköpfiger Oberarmmuskel (M. biceps brachii)
  - Hakenarmmuskel (M. coracobrachialis)
  - Oberarmspeichenmuskel (M. brachioradialis)
- Muskeln, die den Unterarm strecken (hintere Muskelgruppe):
  - dreiköpfiger Oberarmmuskel (M. triceps brachii)

Oberarmmuskel, Armbeuger (M. brachialis)

Der M. brachialis entspringt breitflächig von der Vorderseite des Oberarmknochens und verläuft über das Ellbogengelenk, wo er zum Teil an der Gelenkkapsel ansetzt, bis zu einer knöchernen Rauhigkeit (Tuberositas ulnae) knapp unterhalb des Kronenfortsatzes (Processus coronoideus) an der Elle.

Der Armbeuger ist ein kräftiger Unterarmbeuger. Wegen seines sehr kurzen Hebelarms bewirkt eine Muskelverkürzung von nur 1 cm einen Ausschlag von 20 cm an der Hand.

Außerdem spannt er die vordere Ellbogengelenkkapsel und verhindert dadurch, daß diese bei starker Beugung im Ellbogen eingeklemmt wird.

Will man den M. brachialis isoliert trainieren, sollte man dies bei proniertem Unterarm (Handflächen zeigen nach unten) tun, da die anderen Unterarmbeugemuskeln in dieser Stellung kaum aktiv sind.

Da der M. brachialis dem Oberarmknochen direkt aufliegt, wird er bei Schlägen gegen den Oberarm besonders leicht verletzt, denn bei jedem Schlag wird der Muskel gegen den Knochen gequetscht. Die Folge einer solchen Muskelquetschung können Einblutungen (Blutergüsse) sein, die häufig dazu neigen zu verknöchern. Daraus können Bewegungseinschränkungen im Ellbogengelenk sowie Schmerzen an der Vorderseite des Oberarms nahe dem Ellbogen resultieren.

Besonders häufig von dieser Verletzung sind Boxer durch wiederholte Schläge gegen den Oberarm betroffen. Aus diesem Grund bezeichnet man dieses Krankheitsbild auch als «Boxerarm».

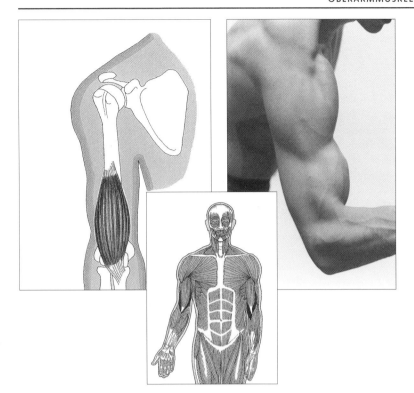

Zweiköpfiger Oberarmmuskel (M. biceps brachii)

Der «Bizeps» ist der für den Laien wohl bekannteste Muskel des menschlichen Körpers. Kein anderer Muskel wird mit Kraft und Athletik so eng in Verbindung gebracht wie der M. biceps brachii. Dies liegt zum großen Teil sicherlich daran, daß sich kaum ein anderer Muskel bei seiner Kontraktion so sichtbar unter der Haut vorwölbt. Da er vom Unterarm bis zum Schulterblatt verläuft und hierbei sowohl das Ellbogen- als auch das Schultergelenk überbrückt, bezeichnet man ihn als zweigelenkigen Muskel.

Der Bizeps entspringt mit zwei Köpfen vom Schulterblatt. Der lange Kopf (Caput longum) kommt vom Oberrand der Schulterpfanne innerhalb der Schultergelenkshöhle und der kurze Kopf (Caput breve) vom Rabenschnabelfortsatz (Processus coracoideus).

Die Sehne des langen Bizepskopfes läuft durch das Schultergelenk in eine knöcherne Rinne (Sulcus intertubercularis) zwischen großem und kleinem Oberarmhöcker und geht nach Verlassen des Gelenks in den Muskelbauch über.

Die Sehne des kurzen Bizepskopfes läuft vom Rabenschnabelfortsatz gerade nach unten. Etwa in der Mitte des Ober- arms vereinigen sich beide Köpfe zu einem gemeinsamen Muskelbauch und setzen mit einer kräftigen Sehne an der knöchernen Rauhigkeit der Speiche (Tuberositas radii) an.

Da der Bizeps als zweigelenkiger Muskel über Ellbogen- und Schultergelenk hinwegzieht, ist er auch an einer Vielzahl von Bewegungen in diesen beiden Gelenken beteiligt. Im Schultergelenk hilft er, den Arm nach vorne zu heben und zur Seite abzuspreizen. Typischerweise ist er beim Gehen an der Pendelbewegung des Armes nach vorne seitlich beteiligt. Zudem hilft er, den Oberarmkopf in die Schulterpfanne hineinzuziehen und damit das Schultergelenk zu stabilisieren.

Im Ellenbogengelenk ist er bei supiniertem Unterarm (Handflächen zeigen nach oben) ein kräftiger Beuger und andererseits bei gebeugtem Ellbogengelenk ein kräftiger Supinator, d. h. er dreht den Unterarm so, daß die Handflächen nach oben zeigen. Deshalb können wir eine Schraube mit dem Schraubenzieher kräftiger in die Wand schrauben, wenn wir den Arm beugen. Jeder kann dies bei sich selbst einmal testen, indem er beim Festziehen einer Schraube das Muskelspiel des Bizeps an seinem Oberarm beobachtet.

Durch ihren besonderen Verlauf durch das Schultergelenk und in der knöchernen Rinne am Oberarmkopf neigt die Sehne des langen Bizepsmuskels zu Verschleißerscheinungen bis hin zum Sehnenriß. Beim Riß spürt der Sportler lediglich einen kurzen ziehenden Schmerz. Ein Funktionsausfall wird hingegen kaum bemerkt, da es nur zu einem Kraftverlust von 10–20 Prozent kommt. Der Rest wird vom kurzen Bizepskopf kompensiert, der fast immer intakt bleibt. Typisch ist das Tiefertreten des Muskelbauches in Richtung Ellbogen. Eine operative Therapie ist in den allermeisten Fällen nicht erforderlich, es sei denn, es handelt sich um junge Leistungssportler.

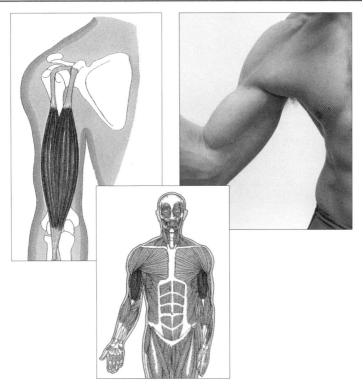

Oberarmspeichenmuskel (M. brachioradialis)

Dieser Muskel wird von manchen Anatomen zu den Unterarmmuskeln gezählt, da die Hauptmuskelmasse auf dem Unterarm liegt. Da er funktionell jedoch einer der kräftigsten Beuger des Ellbogengelenks ist, soll er an dieser Stelle gezeigt werden.

Der Oberarmspeichenmuskel kommt von der äußeren speichenseitigen Kante des Oberarms und zieht von dort mit einem schlanken, kräftigen Muskelbauch über den Ellbogen hinweg in Richtung Unterarm.

Er setzt mit einer schmalen, langen Sehne an der Speiche kurz vor dem Handgelenk an.

Der M. brachioradialis ist ein kräftiger Beuger des Ellbogengelenks. Im Gegensatz zum M. biceps und zum M. brachialis ist er jedoch kein schnellkräftiger Beuger, sondern eher der ausdauernde Lastenbeuger. Zudem kann er den Arm sowohl einwärts (Pronation) als auch auswärts (Supination) bis zur jeweiligen Mittelstellung drehen.

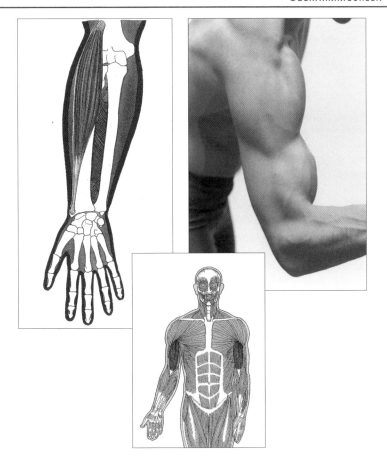

Dreiköpfiger Oberarmmuskel (M. triceps brachii)

Der Trizeps setzt sich aus 3 Muskelanteilen zusammen: dem langen Kopf (Caput longum), dem inneren Kopf (Caput mediale) und dem äußeren Kopf (Caput laterale). Der lange Kopf entspringt vom Schulterblatt am Unterrand der Schulterpfanne (Tuberculum infraglenoidale), die beiden kurzen Köpfe vom Innen- und Außenrand des Oberarmknochens.

Alle drei Muskelbäuche vereinen sich am unteren Ende des Oberarmes an seiner Rückseite zu einer gemeinsamen Endsehne, die am Ellenhaken (Olecranon) ansetzt.

Der M. triceps ist der einzige Streckmuskel des Ellbogengelenks und einziger Gegenspieler (Antagonist) der auf der Oberarmvorderseite liegenden Beugemuskeln. Den größten Anteil an der Kraftentfaltung bei der Streckung hat der innere Kopf (Caput mediale), der auch als das «Arbeitspferd» des Trizeps bezeichnet wird.

Da der lange Kopf (Caput longum) vom Schulterblatt kommt, ist er auch am Zurückführen und Heranziehen des Armes an den Körper beteiligt. Beim Gehen pendelt er den Arm nach hinten.

Bei Wurf- und Rückschlagsportarten, die mit einer explosiven Streckung im Ellbogengelenk einhergehen (z. B. Rückhandschläge beim Tennis, Squash oder Badminton), sowie nach intensivem Krafttraining kommt es häufig zu einem Überlastungssyndrom am Ansatz des Trizeps, am Ellenhaken. Aus diesem Grunde sollte auch der Trizeps vor und nach dem Training immer gezielt gedehnt werden.

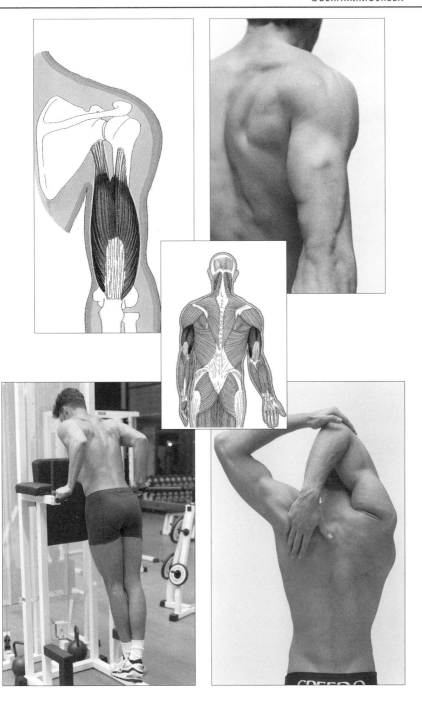

ELLBOGENGELENK

Das Ellbogengelenk ist ein sogenanntes zusammengesetztes Gelenk, in dem drei Knochen miteinander verbunden sind:

- Oberarm (Humerus)
- Elle (Ulna)
- Speiche (Radius)

Das Ellbogengelenk ist zwar nur von einer Gelenkkapsel umgeben, besteht aber eigentlich aus drei Teilgelenken:

- Oberarm-Ellengelenk
- Oberarm-Speichengelenk
- Speichen-Ellengelenk

❶ Das **Oberarm-Ellengelenk** (Humeroulnargelenk) ist ein klassisches Scharniergelenk, d. h. es sind – wie bei einer Tür – nur Bewegungen in einer Ebene möglich. In diesem Gelenk finden Beugung und Streckung im Ellbogengelenk statt.

❷ Das **Oberarm-Speichengelenk** (Humeroradialgelenk) ist ein Kugelgelenk. Dennoch sind in diesem Gelenk nur Bewegungen in zwei Ebenen möglich. Dadurch, daß die Speiche mit der Elle durch ein ringförmiges Band verbunden ist, sind nur Beugung und Streckung sowie Einwärts- und Auswärtsdrehung (Pronation und Supination) in diesem Gelenk möglich.

❸ Das obere **Speichen-Ellengelenk** (Radioulnargelenk) stellt ein sogenanntes Zapfen- oder Radgelenk dar, welches durch das Ringband geführt und ergänzt wird. In diesem Gelenk und im unteren Speichen-Ellengelenk an der Hand finden die Umwendbewegungen des Unterarms statt.

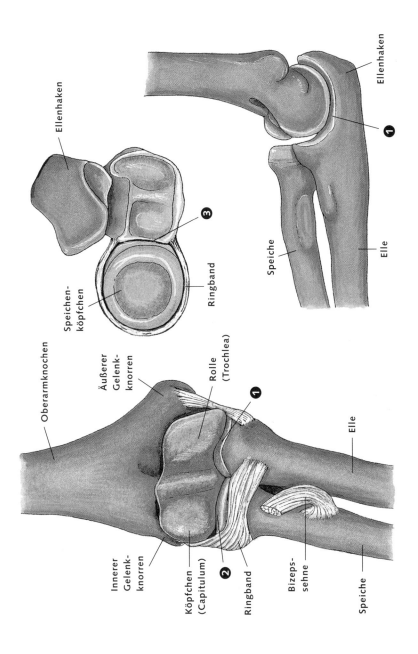

Ellenhaken

Ellenhaken

❶

Speiche

Elle

Ellenhaken

❸

Speichen-
köpfchen

Ringband

Oberarmknochen

Äußerer
Gelenk-
knorren

Rolle
(Trochlea)

❶

Elle

Innerer
Gelenk-
knorren

Köpfchen
(Capitulum)

❷

Ringband

Bizeps-
sehne

Speiche

UNTERARM UND HAND

Unterarmknochen

Elle (Ulna)

Die Elle ❶ ist der kleinfingerseitige Knochen des Unterarms und nahezu in ihrer gesamten Länge gut unter der Haut zu tasten. Ihre wichtigsten tastbaren knöchernen Vorsprünge sind am Ellbogen der Ellenhaken ❷ (Olecranon) und am Handgelenk der Griffelfortsatz ❸ (Processus styloideus). Der mittlere Teil des Ellenknochens ist dreikantig, wobei die scharfe Kante in Richtung Speiche (Radius) zeigt. Von dieser scharfen Kante entspringt eine kräftige bindegewebige Membran (Membrana interossea), die die Elle fest mit der Speiche verbindet.

Unterarmknochenbrüche betreffen entweder isoliert die Elle oder die Speiche oder beide Knochen gleichzeitig. Brüche (Frakturen) der Elle entstehen fast immer durch direkte Gewalteinwirkung, z. B. durch einen Schlag auf den schützend erhobenen Unterarm (Parierfraktur). Dieser Bruch muß in der Regel operativ versorgt werden.

Speiche (Radius)

Die Speiche ❹ ist der daumenseitige Knochen des Unterarms. Sie beginnt am Ellbogengelenk mit dem Speichenköpfchen ❺ (Caput radii), welches mit dem Oberarmknochen ein Kugelgelenk und mit der Elle ein Rad- oder Zapfengelenk bildet. Direkt unter dem Köpfchen befindet sich eine knöcherne Rauhigkeit ❻ (Tuberositas radii), an der die Bizepssehne ansetzt.

Der Schaft ist ähnlich wie die Elle ein länglicher dreikantiger Knochen, wobei auch hier die scharfe Kante wieder in Richtung Elle zeigt.

Die Speiche kann sowohl oben am Speichenköpfchen als auch in der Mitte im Schaftbereich und ganz besonders häufig unten am Handgelenk brechen. Der handgelenksnahe Speichenbruch ist der häufigste Bruch beim Menschen überhaupt. Er entsteht meistens durch indirekte Gewalteinwirkung, z. B. durch den Sturz auf die Hand, eine für das Inline-Skating typische Verletzung. In vielen Fällen kann der Speichenbruch konservativ, d. h. ohne Operation behandelt werden.

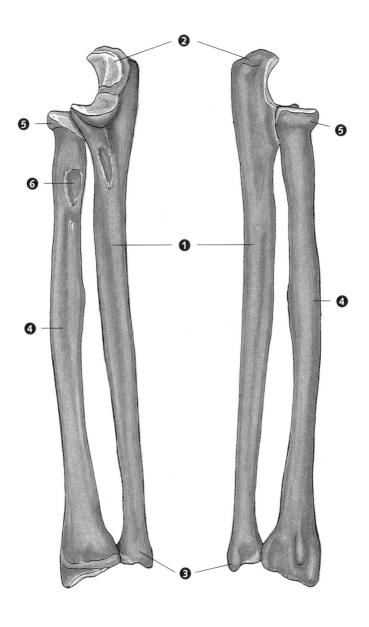

Handknochen

Die Hand ist der Teil unseres Skeletts, der uns eigentlich erst zu dem macht, was wir sind. Im gesamten Tierreich gibt es keine Spezies, deren Greiforgane mit ihren Fähigkeiten auch nur annähernd an die Möglichkeiten der menschlichen Hand herankommen. Durch die Hand sind wir in der Lage, sowohl grobe Arbeiten wie Holzfällen oder Steineschleppen als auch feine bis feinste Tätigkeiten wie Piccoloflöte oder Geige spielen auszuführen. Im Sport reicht die Palette vom Kugelstoßen bis hin zu Sportarten wie rhythmische Sportgymnastik, Tischtennis oder Dartwerfen, die eine außerordentliche Feinkoordination der Hand und Finger erfordern.

Ermöglicht wird diese Vielseitigkeit unseres Greiforgans durch ein spezielles Knochenskelett und die dazugehörigen Muskeln. Die Hand weist insgesamt 27 Knochen mit 36 gelenkigen Verbindungen auf, für deren Bewegung 39 Muskeln verantwortlich sind. Eine anatomische Besonderheit unterscheidet die menschliche Hand von der sonst sehr ähnlichen Affenhand. Es ist die Fähigkeit, den Daumen separat den übrigen Fingern gegenüberzustellen. Diese sogenannte Oppositionsfähigkeit des Daumens befähigt uns erst dazu, z. B. mit einem Schlüssel eine Tür aufzuschließen oder beim Sport den Ball sicher in der Hand führen zu können.

Das Handskelett besteht aus 3 Abschnitten:

Die Handwurzel

Die Handwurzel ist aus insgesamt 8 Knochen zusammengesetzt, die in zwei Viererreihen hintereinander angeordnet sind.

Die direkt an den Unterarm angrenzende Reihe besteht von der Speiche in Richtung Elle aus:

❶ Kahnbein (Os scaphoideum)
❷ Mondbein (Os lunatum)
❸ Dreieckbein (Os triquetrum)
❹ Erbsenbein (Os pisiforme)

Die zweite Reihe, also die den Fingern zugewandte Reihe, setzt sich zusammen aus:

❺ Großes Vieleckbein (Os trapezium)
❻ Kleines Vieleckbein (Os trapezoideum)
❼ Kopfbein (Os capitatum)
❽ Hakenbein (Os hamatum)

Merksatz:
Ein Schifflein fährt im Mondenschein
dreieckig um das Erbsenbein
ob Vieleck groß, ob Vieleck klein,
am Kopf muß stets ein Haken sein.

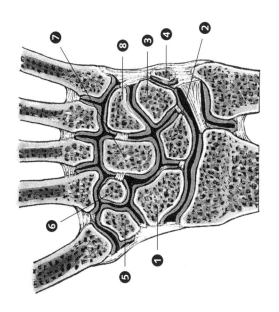

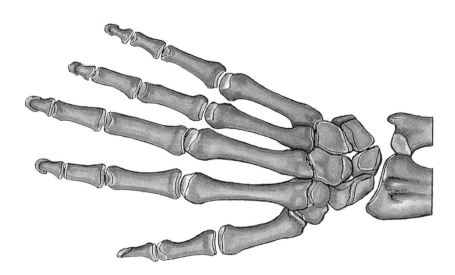

Die Mittelhand

Die Mittelhand besteht aus den insgesamt 5 Mittelhandknochen. Die Mittelhandknochen sind typische Röhrenknochen, an denen sich drei Abschnitte unterscheiden lassen: Basis ❶, Schaft ❷ und Köpfchen ❸.

Die Basis bilden die Gelenke mit der Handwurzel, während die Köpfchen mit den Fingern gelenkig verbunden sind.

Die Finger

Die Finger werden üblicherweise von I–V durchnumeriert. Der Daumen ist dabei Finger I und der Kleinfinger Finger V. Die Finger II–V besitzen 3 Glieder (Phalangen), der Daumen nur 2. Es werden unterschieden: Grundglied 🅐, Mittelglied 🅑 und Endglied 🅒.

Der Daumen besitzt lediglich ein Grund- und ein Endglied.

Ermüdungsbruch des Haken- und / oder Erbsenbeins

Hierbei kommt es bei den Rückschlagspielen wie Tennis oder Squash durch den Druck des Schlägergriffs zu erheblichen Schmerzen an der ellenseitigen Handwurzel über dem Erbsen- und Hakenbein. Auch bei Kraftsportlern, die ihr Training schwerpunktmäßig auf das Bank- oder Nackendrücken konzentrieren, kommt es durch den Hanteldruck zu diesen Beschwerden. Meist reicht als Therapie eine längere Belastungspause aus.

Bruch des Kahnbeins

Dies ist der häufigste Bruch an der Handwurzel. Durch Sturz auf die Hand, z. B. nach einem

Fallwurf beim Handball oder einem Schlag beim Boxen oder Karate kommt es zu Schmerzen am Daumenballen und zu Zug- und Stauchungsschmerz am Daumen. Dieser Bruch erfordert wegen der schlechten Durchblutungssituation entweder eine Operation oder eine Ruhigstellung über 12 Wochen, davon die ersten 6 Wochen im Oberarmgipsverband. Dieser Bruch wird sehr häufig im Röntgenbild übersehen!!

Bruch des 1. Mittelhandknochens (Bennett-Fraktur, Rolando-Fraktur)

Durch Schlag oder Sturz auf die Hand kann es zu einem Abbruch des ellenseitigen Teils der Basis des 1. Mittel-

handknochens kommen. Betroffen hiervon sind in erster Linie Boxer und Handballer. Charakteristisch für diesen Bruch ist, daß sich Knochenbruchteile verschieben können. Der betroffene Sportler hat sehr starke Bewegungsschmerzen in der Hand und kann sie nicht mehr gebrauchen. Zudem schwillt die Hand aufgrund des Blutergusses im Daumenbereich heftig an.

Die Therapie erfolgt häufig operativ, wenn es nicht gelingt, das verschobene Knochenstückchen wieder an seinen ursprünglichen Ort zurückzubringen.

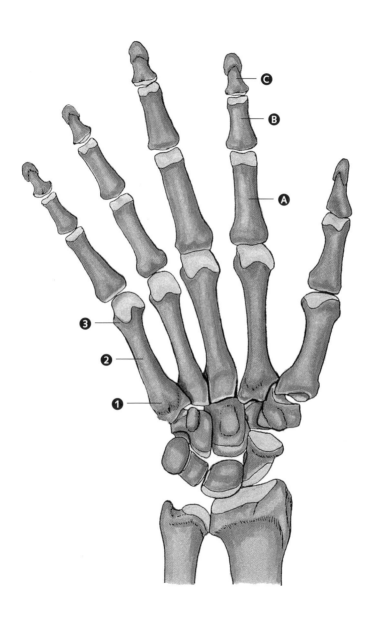

Unterarm- und Handmuskeln

Man unterscheidet am Unterarm die streckseitigen, d. h. die Muskeln, die am Unterarm handrückenwärts gelegen sind, von den beugeseitigen Muskeln (Flexoren), die am Unterarm handflächenseitig gelegen sind.

Die streckseitigen Muskeln (Extensoren) haben die Aufgabe, Hand und Finger zu strecken, während die beugeseitigen Muskeln sie beugen. Die Streckmuskeln haben ihren gemeinsamen Ursprung am äußeren Gelenkknorren des Oberarms (Epicondylus humeri lateralis), die Beugemuskeln entspringen am inneren Gelenkknorren (Epicondylus humeri medialis). Diese Muskeln geben dem Unterarm seine charakteristische Form. Die Muskelbräuche am Ellbogen gehen handwärts in die langen, dünnen Sehnen über, so daß der Unterarm am Ellbogen relativ dick ist und zum Handgelenk hin sehr schmal wird.

Zusätzlich zu den Beugern und Streckern befinden sich am Unterarm noch diejenigen Muskeln, die den Unterarm und damit die Hand drehen. Die Muskeln, die den Unterarm so drehen, daß die Handfläche nach oben zeigt, nennt man Supinatoren, die Muskeln, die den Unterarm so drehen, daß die Handflächen nach unten zeigen, heißen Pronatoren.

Beim Geräteturnen unterscheidet man den Kammgriff, bei dem die Hand supiniert ist, vom Ristgriff, der bei proniertem Unterarm durchgeführt wird.

Bei den sogenannten Umwendbewegungen, die ausschließlich zwischen den beiden Knochen des Unterarms stattfinden, dreht sich die Speiche um die Elle.

Der kräftigste Supinator – jedoch nur bei gebeugtem Ellbogengelenk – ist der M. biceps brachii.

Folgende Muskeln am Unterarm sind für die Pronation und Supination verantwortlich:

Supination:
- Auswärtsdreher (M. supinator)
- zweiköpfiger Oberarmmuskel (M. biceps brachii)

Pronation:
- runder Einwärtsdreher (M. pronator teres)
- viereckiger Einwärtsdreher (M. pronator quadratus)

Bei gestrecktem Ellbogengelenk sind die Einwärtsdreher kräftiger, bei gebeugtem Ellbogengelenk überwiegen die Auswärtsdreher, weil der Bizeps wirksam wird. Aus diesem Grund haben Schrauben normalerweise ein Rechtsgewinde. Dadurch muß ein Rechtshänder die Hand auswärts drehen, also supinieren, um die Schraube fest anzuziehen. Ein weiteres Beispiel dafür, daß die Supinatoren bei gebeugtem Ellbogen kräftiger sind, ist, daß man im Kammgriff mehr Klimmzüge an der Reckstange absolvieren kann als im Ristgriff. Eine dritte Bewegungsmöglichkeit im Handgelenk und Unterarm ist neben der Beugung und Streckung sowie Pronation und Supination die Möglichkeit, die Hand in Richtung Kleinfinger (Ulnarabduktion) oder in Daumenrichtung (Radialabduktion) abzuknicken.

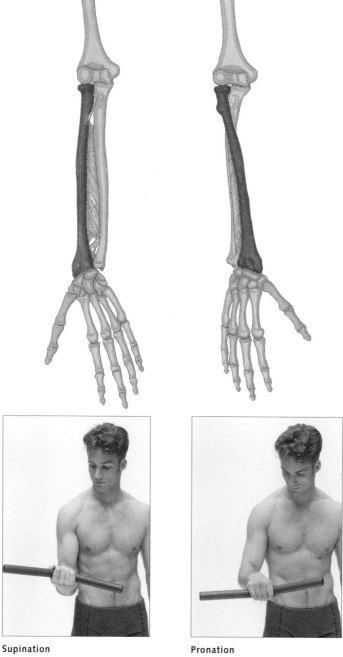

Supination   Pronation

Im folgenden sollen nur die der insgesamt 20 Unterarmmuskeln besprochen werden, die im Sport eine wesentliche Bedeutung besitzen.

Muskeln, die Handgelenk und Finger beugen: Speichenseitiger Handbeugemuskel (M. flexor carpi radialis)

Wie alle Beuger der Hand kommt auch der speichenseitige Handbeuger vom inneren Gelenkknorren des Oberarms (Epicondylus humeri medialis). Die lange Sehne zieht durch die Hohlhand zum 2. und teilweise auch 3. Mittelhandknochen.

Der speichenseitige Handbeugemuskel hat folgende Funktionen:

- Beugung im Handgelenk
- Abknicken der Hand speichenwärts
- teilweise Pronation und Beugung im Ellbogengelenk.

Ellenseitiger Handbeugemuskel (M. flexor carpi ulnaris)

Der ellenseitige Handbeuger hat zwei Köpfe, von denen der eine vom inneren Gelenkknorren und der andere vom Ellenhaken (Olecranon) kommt. An den langen dünnen Muskelbauch schließt sich eine kurze Sehne an, die an der Handinnenseite am Erbsenbein (Os pisiforme) ansetzt.

Er beugt die Hand im Handgelenk und winkelt sie kleinfingerwärts ab.

Bei Tennisspielern, die extrem aus dem Handgelenk herausschlagen und im wesentlichen Top Spin-Spieler sind, kann es zu schmerzhaften Ereignissen über der Endsehne des M. flexor carpi ulnaris kommen. Theoretisch können hiervon sowohl der Griffelfortsatz der Elle (Styloiditis ulnae), das Erbsenbein oder die Basis des Kleinfinger-Mittelhandknochens betroffen sein. Neben einer vorsichtigen Dehnung dieses Muskels sollte unbedingt die Schlagtechnik geändert werden.

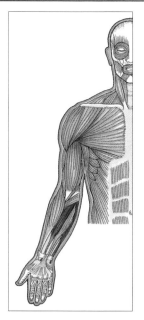

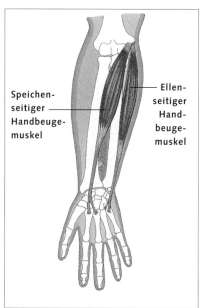

Speichen-
seitiger
Handbeuge-
muskel

Ellen-
seitiger
Hand-
beuge-
muskel

Das Äquivalent zum Tennisarm, bei dem der Sehnenansatz der Handstrecker am äußeren Gelenkknorren betroffen ist, ist der sogenannte Werfer- oder Golferellbogen. Bei dieser Erkrankung ist die gemeinsame Ursprungssehne der Beugemuskeln am inneren Gelenkknorren betroffen. Durch falsche Wurf- oder Schlagtechnik kommt es zu einer Verkürzung und Verspannung der Flexoren. Die Folge ist ein zunächst belastungsabhängiger, später auch in Ruhe auftretender Schmerz an der Innenseite des Ellbogens.

Eine erfolgreiche Behandlung setzt zunächst eine Verbesserung der Wurftechnik voraus, z. B. soll der Arm in der Wurfphase nicht zu weit weg vom Körper vorbeigezogen werden. Des weiteren müssen die verkürzten Muskeln gezielt gedehnt werden. Dies gilt nicht nur für den Fall einer bereits aufgetretenen Schädigung, sondern sollte vor jedem Wettkampf oder Training in allen Wurfsportarten durchgeführt werden. Die Beugemuskulatur des Unterarms zählt zu den tonischen Muskeln und neigt daher zu Verspannungen.

Oberflächiger Fingerbeuger (M. flexor digitorum superficialis)

Er hat folgende Ursprünge:
* innere Gelenkknorren des Oberarms
* Kronenfortsatz (Processus coronoideus) der Elle
* kurz unterhalb der knöchernen Rauhigkeit der Speiche (Tuberositas radii).

Kurz vor dem Handgelenk, im unteren Drittel des Unterarms, teilt sich der Muskel in vier Sehnen auf, die durch die Hohlhand in Richtung der Mittelglieder der Finger II bis V ziehen. Bevor sie diese jedoch erreichen, spalten sich die Sehnen in Höhe der Grundglieder auf. Durch die hierdurch entstehende Lücke ziehen die Sehnen des tiefen Fingerbeugers. Anschließend vereinigen sich die Sehnen wieder und setzen an der Basis des 2. bis 5. Mittelgliedes an.

Der oberflächige Fingerbeuger beugt die Finger kräftig in den Grund- und Mittelgelenken und unterstützt die Beugung im Handgelenk.

Tiefer Fingerbeuger (M. flexor digitorum profundus)

Der tiefe Fingerbeuger entspringt von der oberen Hälfte der Elle sowie der bindegewebigen Membran zwischen Elle und Speiche (Membrana interossea). Wie der oberflächige, so geht auch der tiefe Fingerbeuger in vier Sehnen über, die ebenfalls durch die Hohlhand zum 2.–5. Finger verlaufen. Hier ziehen sie dann durch die Sehnenschlitze des oberflächigen Fingerbeugers hindurch und setzen schließlich an der Basis der Fingerendglieder an.

Der tiefe Fingerbeuger beugt die Finger in den Endgelenken, hilft bei der Beugung in den Grund- und Mittelgelenken und kann die Beugung im Handgelenk unterstützen.

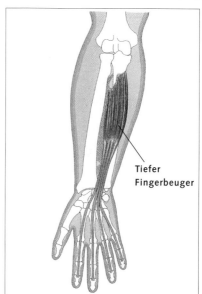

Oberflächiger
Fingerbeuger

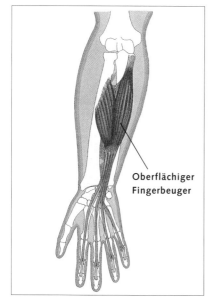

Tiefer
Fingerbeuger

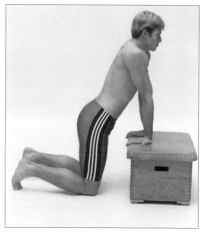

Zu einem Riß der Sehne des tiefen Fingerbeugers kommt es bei einer plötzlichen gewalttätigen Überstreckung eines Fingers. Besonders häufig läßt sich dies bei kampfbetonten Mannschaftssportarten, wie Rugby, American Football oder Handball beobachten, beispielsweise beim Aufprall eines Balles auf den gestreckten Finger oder bei dem Versuch, einen vorbeilaufenden Gegenspieler am Trikot festzuhalten. Der Sportler ist anschließend nicht mehr in der Lage, den Finger im Endgelenk zu beugen. Bei dieser Verletzung ist die operative Versorgung der gerissenen Sehne erforderlich.

Sehnenscheiden der Hohlhand

Sehnenscheiden kommen immer dort vor, wo Sehnen aus ihrer Verlaufsrichtung abgelenkt werden oder direkt dem Knochen aufliegen. Sie sorgen dafür, daß die Sehnen reibungsfrei gleiten können und sich nicht am Knochen oder an benachbarten Strukturen aufreiben.

Man unterscheidet die Sehnenscheiden im Bereich der Handwurzel und im Bereich der Finger. Während Daumen und Kleinfinger durchgehende Sehnenscheiden besitzen, sind sie bei den Fingern II, III und IV im Mittelhandbereich unterbrochen.

Aus diesem Grund bleiben, z. B. nach offenen Verletzungen, die Entzündungen der Sehnenscheiden der Finger II, III und IV fast immer auf den betroffenen Finger beschränkt. Hat sich jedoch die Sehnenscheide beispielsweise des Kleinfingers entzündet, so kann diese leicht auf die Mittelhand oder sogar auf den Daumen übergreifen, wodurch unter Umständen die gesamte Hand gefährdet ist. Die Entzündung greift «v-förmig» von Kleinfinger auf Daumen oder auch umgekehrt über, weshalb man sie auch als «V-Phlegmone» bezeichnet.

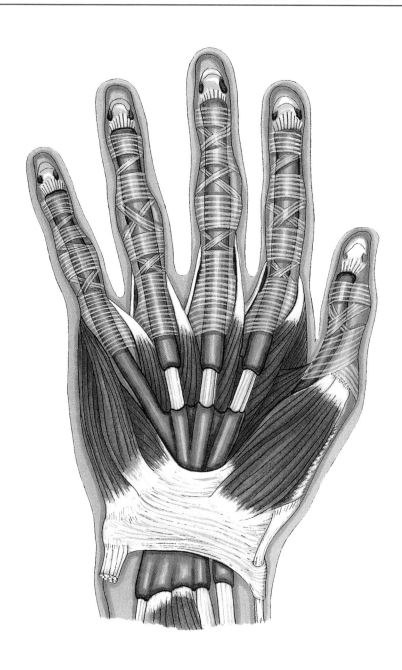

Muskeln, die Hand und Finger strecken

Die Hand- und Fingerstreckmuskeln, die sogenannten Extensoren, haben wie die Beuger einen gemeinsamen Ursprung, der bei diesen Muskeln am äußeren Gelenkknorren des Oberarms (Epicondylus humeri lateralis) liegt. Unter Streckung der Hand und der Finger versteht man das Ziehen nach oben:

Ellenseitiger Handstrecker (M. extensor carpi ulnaris)

Er entspringt am äußeren Gelenkknorren des Oberarms. Der längliche Muskelbauch geht etwa in der Mitte des Unterarms in seine Ansatzsehne über, die streckseitig über das Handgelenk hinwegzieht und schließlich an der ellenseitigen Basis des Mittelhandknochens des Kleinfingers ansetzt.

Funktionen:

- Abknickung der Hand kleinfingerwärts (Ulnarabduktion)
- Streckung im Handgelenk, die jedoch nur schwach ausgeprägt ist.

Langer speichenseitiger Handstrecker (M. extensor carpi radialis longus)

Er entspringt am äußeren Gelenkknorren und der direkt daran angrenzenden Knochenleiste des Oberarms. Seine Sehne zieht über das Handgelenk zur Basis des Mittelhandknochens des Zeigefingers.

Funktionen:

- zieht die Hand im Handgelenk nach oben,
- knickt die Hand daumenwärts ab.

Kurzer speichenseitiger Handstrecker (M. extensor carpi radialis brevis)

Er entspringt am äußeren Gelenkknorren des Oberarms. Seine lange dünne Sehne zieht über das Handgelenk zur Basis des Mittelhandknochens des Mittelfingers.

Funktionen:

- Streckung der Hand,
- Abknicken der Hand im Handgelenk speichenwärts
- Stabilisierung der Hand bei Faustschluß. Deshalb ist bei einer Lähmung dieser Muskeln ein kraftvoller Faustschluß nicht mehr möglich.

Fingerstrecker (M. extensor digitorum)

Er entspringt am äußeren Gelenkknorren und teilt sich in vier Sehnen auf, die über den Handrücken in Richtung der Finger verlaufen. Über den Grundgliedern teilt sich jede Sehne in einen mittleren und zwei seitliche Zügel auf. Der mittlere Zügel setzt an der Basis des Mittelgliedes an. Die hieran vorbeiziehenden seitlichen Zügel vereinigen sich in Höhe des Mittelgliedes wieder zu einer gemeinsamen Sehne, die schließlich an der Basis der Fingerendglieder ansetzt.

Der Fingerstrecker streckt in den Grund-, Mittel- und Endgelenken des 2.–5. Fingers.

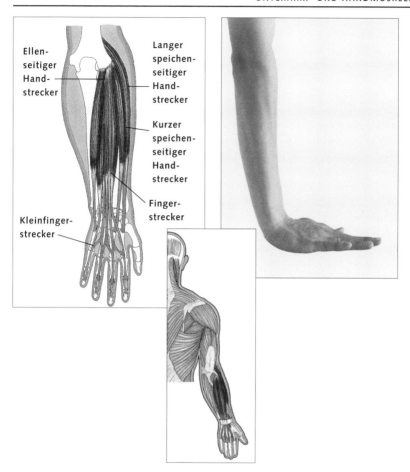

Ellen-
seitiger
Hand-
strecker

Langer
speichen-
seitiger
Hand-
strecker

Kurzer
speichen-
seitiger
Hand-
strecker

Finger-
strecker

Kleinfinger-
strecker

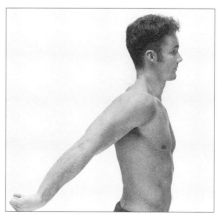

In den Ballsportarten wie Handball, Basketball oder Baseball kommt es häufiger vor, daß der Ball den ausgestreckten Finger trifft. Dies kann dazu führen, daß der Finger abrupt im Endglied gebeugt wird. Hierdurch kann es zu einem knöchernen Ausriß der Sehne des M. extensor digitorum aus ihrem Ansatz am Endglied kommen. Die Diagnose läßt sich relativ einfach stellen. Der Sportler ist nämlich nicht mehr in der Lage, das Fingerendglied zu strekken. Auch die Therapie ist einfach und unkompliziert. Es wird für die Dauer von mindestens 6 Wochen eine Plastikschiene (Stacksche Schiene) über den Finger gestülpt, die das Endglied in leichter Überstreckung fixiert. Auf diese Weise kann die abgerissene Sehne in Ruhe wieder einheilen.

Der sogenannte *Tennisarm* oder genauer Tennisellbogen (Epicondylitis humeri lateralis) ist einer der häufigsten Sportschäden überhaupt. Als Ursache für diese Erkrankung werden viele Faktoren diskutiert. Sie können entweder sportartspezifisch oder allgemeiner Natur sein. Gemeinsam ist ihnen jedoch, daß es immer zu einer Überlastung der Handstreckmuskeln kommt und in allen Fällen der äußere Gelenkknorren des Oberarms an der Außenseite des Ellbogens betroffen ist, und zwar fast immer der Ursprung des kurzen speichenseitigen Handstreckers (M. extensor carpi radialis brevis). Zu einer derartigen Überlastung der Streckmuskeln kann es entweder durch falsche Technik mit ständig überrissenen Schlägen beim Tennis, durch zu große Griffstärke oder zu harte bzw. zu weiche Schlägerbespannungen kommen. Aber da nicht nur Tennisspieler, sondern auch sehr oft Nichtsportler unter einem Tennisarm leiden, kann es auch durch andere Mechanismen zu einer Überanstrengung der Streckmuskeln des Unterarms kommen. Die Unterarmbeugemuskeln neigen als tonische Muskeln zur Verspannung. Ist diese erst einmal eingetreten, müssen die Streckmuskeln doppelte Arbeit bei der Handstreckung leisten, nämlich zunächst den Widerstand der verkürzten Beuger überwinden und dazu noch die Hand nach oben ziehen. Eine derartige Doppelbelastung kann zur Überlastung der Strecker und damit zum Tennisarm führen. Diese Überlegungen führen uns auch schon zur Therapie des Tennisellbogens: Ein wesentlicher Faktor sollte hierbei die Dehnung der überlasteten Handstrecker, aber vor allem auch der in der Regel verkürzten Handbeugemuskel sein. Manche Therapeuten empfehlen ihren Patienten hierzu Liegestütze. Durch das Aufstützen der Hand werden die Beuger maximal gedehnt. Tennisspieler sollten an ihrer Technik arbeiten und überrissene Rückhandschläge vermeiden.

Sehnenscheiden des Handrückens

Die Sehnen der Streckmuskeln, die über den Handrücken laufen, werden über dem Handgelenk durch einen kräftigen bindegewebigen Streifen (Retinaculum extensorum) sozusagen an das Handgelenk gefesselt und liegen dadurch sehr eng beieinander. Damit die Sehnen dennoch möglichst reibungsfrei gegeneinander gleiten können, werden sie auch hier von Sehnenscheiden umhüllt.

Mehrere Sehnen sind z. T. in sogenannten Sehnenscheidenfächern zusammengefaßt. Insgesamt werden 6 Sehnenscheidenfächer unterschieden.

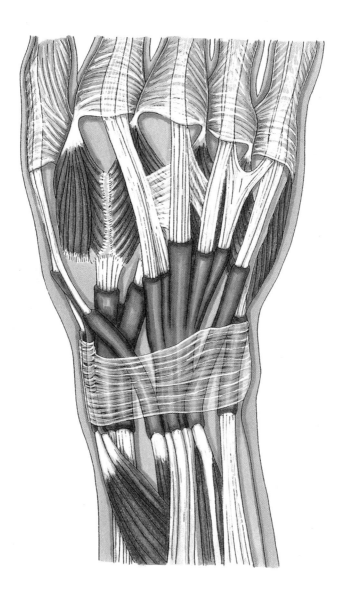

Muskeln von Daumen und Kleinfinger

Allein 8 Muskeln sind nur für die Bewegung des Daumens zuständig. Davon liegen 4 Muskeln am Unterarm und setzen mit langen Sehnen am Daumen an (lange Daumenmuskeln). 4 Muskeln liegen im Bereich der Hand und bilden hier den Daumenballen (Thenar). Sie werden als die kurzen Daumenmuskeln bezeichnet.

Lange Daumenmuskeln

- Langer Daumenbeuger (M. flexor pollicis longus)
- Langer Daumenstrecker (M. extensor pollicis longus)
- Kurzer Daumenstrecker (M. extensor pollicis brevis)
- Langer Daumenabspreizer (M. abductor pollicis longus).

Kurze Daumenmuskeln

- Daumenanzieher (M. adductor pollicis)
- Daumengegenübersteller (M. opponens pollicis)
- Kurzer Daumenbeuger (M. flexor pollicis brevis)
- Kurzer Daumenabspreizer (M. abductor pollicis brevis).

Auch unser Kleinfinger besitzt eine eigenständige Muskulatur. Sie besteht aus 3 kurzen Muskeln, die den Kleinfingerballen bilden und ihren Ursprung am Erbsen- und Hakenbein haben.

Kleinfingermuskeln

- Kleinfingerabspreizer (M. abductor digiti minimi)
- Kurzer Kleinfingerbeuger (M. flexor digiti minimi brevis)
- Kleinfingergegenübersteller (M. opponens digiti minimi).

Abspreizen (Abduktion)

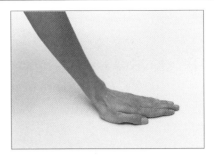

Anspreizen (Adduktion)

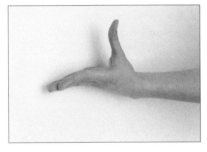

Strecken (Extension)

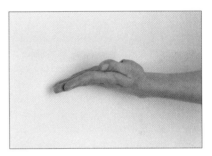

Beugen (Flexion)

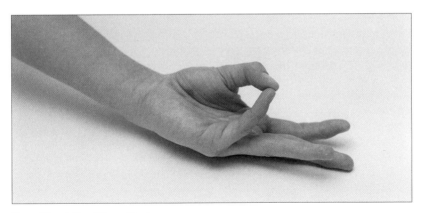

Gegenüberstellen (Opposition)

Bewegungsmöglichkeiten des Daumens

BECKEN UND HÜFTE

Mit der zunehmenden Aufrichtung vom Vier- zum Zweibeiner im Laufe der menschlichen Entwicklung haben sich die Aufgaben und Anforderungen an die oberen und unteren Gliedmaßen dramatisch verändert. Während die oberen Gliedmaßen die Aufgabe übernommen haben, nahezu ausschließlich als Greiforgane zu dienen und über unser «Handeln» miteinander zu kommunizieren, haben die unteren Extremitäten im wesentlichen Stütz- und Fortbewegungsfunktion. Hierzu war eine zum Teil eklatante Veränderung des knöchernen Skelett- und Muskelsystems notwendig. So fehlt beispielsweise am Becken und an den unteren Extremitäten eine Muskulatur, wie wir sie vom Schultergürtel her kennen. Dies liegt einfach daran, daß der Beckenring an sich, im Gegensatz zum Schultergürtel, keine Eigenbeweglichkeit aufweist, sondern eine fast starre Einheit darstellt.

Das Becken dient als Lastaufnehmer des Gewichts von Kopf, Rumpf und oberen Extremitäten und gleichzeitig als Lastverteiler, indem es das Gewicht gleichmäßig über die Hüftgelenke auf beide Beine überträgt.

Beckenknochen

Das Becken besteht aus den beiden Hüftbeinen (Os coxae) und dem Kreuzbein (Os sacrum). Das Hüftbein setzt sich aus 3 Knochen zusammen:
❶ Darmbein (Os ilium)
❷ Schambein (Os pubis)
❸ Sitzbein (Os ischii).
Diese drei Knochen sind in Kindheit und Jugend noch deutlich voneinander abgrenzbar, stoßen im Hüftgelenk aneinander und bilden hier die sogenannte Y-Fuge. Mit Abschluß des knöchernen Wachstums, normalerweise zwischen dem 16. und 18. Lebensjahr, verschmelzen sie zu einem einzigen Knochen, dem Hüftbein.

Der Beckenring wird hinten über das Kreuzbein und vorne über ein knorpeliges Zwischenstück, die Symphyse, geschlossen.

An den Beckenknochen gibt es eine Fülle von knöchernen Vorsprüngen und Kanten, die alle der sehr kräftigen Hüftmuskulatur als Ursprung dienen.

Becken

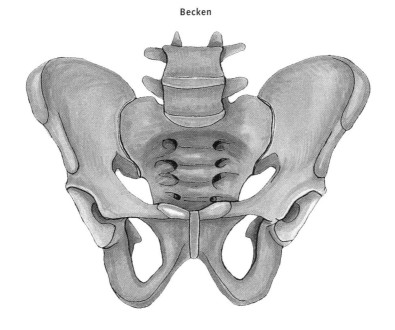

Hüftbein

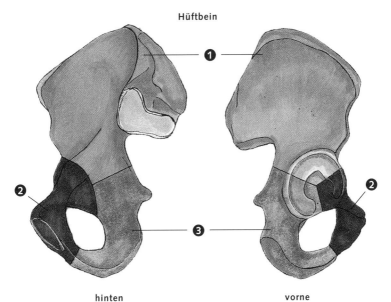

hinten   vorne

Hüftknochen

Die Hüfte reicht von den Beckenkämmen bis zu den Gesäßfalten, dem Übergang des Gesäßes zum Oberschenkel. Der Hauptteil der Gesäßregion wird durch die Gesäßmuskeln gebildet, die ihr auch die charakteristische Form verleihen, wobei der große Gesäßmuskel (M. glutaeus maximus) hieran entscheidenden Anteil hat.

Hüftgelenk

Das Hüftgelenk wird vom Kopf des Oberschenkelknochens, dem Hüftkopf ❶ (Caput femoris), und der Hüftpfanne ❷ (Acetabulum), die ein Teil des Beckenknochens ist, gebildet. Der Rand der knöchernen Hüftpfanne ist zusätzlich noch durch einen knorpeligen Saum, die Gelenklippe ❸ (Labrum acetabulare) verbreitert, so daß der Hüftkopf von knöcherner Pfanne und knorpeliger Gelenklippe weitgehend umschlossen wird wie eine Nuß von ihrer Schale. Deshalb

bezeichnet man das Hüftgelenk auch als Nußgelenk. Das Hüftgelenk wird auf diese Weise im Gegensatz zum Schultergelenk knöchern sehr gut geführt und gesichert.

Eine ganz wesentliche Rolle bei der Sicherung des Hüftgelenks kommt den Bändern und der Gelenkkapsel zu. Vom Darm-, Scham- und Sitzbein entspringen drei kräftige Bandzüge, die über das Hüftgelenk hinweg zum Oberschenkel ziehen:

Ⓐ Darmbein-Schenkelband (Ligamentum iliofemorale)

Ⓑ Schambein-Schenkelband (Ligamentum pubofemorale)

Ⓒ Sitzbein-Schenkelband (Ligamentum ischiofemorale).

Das Darmbein-Schenkelband ist das kräftigste Band des menschlichen Körpers. Es verhindert, daß wir das Bein nach hinten überstrecken können. Es kann sogar dafür sorgen, daß wir ohne wesentliche Muskelanspannung aufrecht stehen können, indem wir uns geradezu in dieses Band hineinhängen.

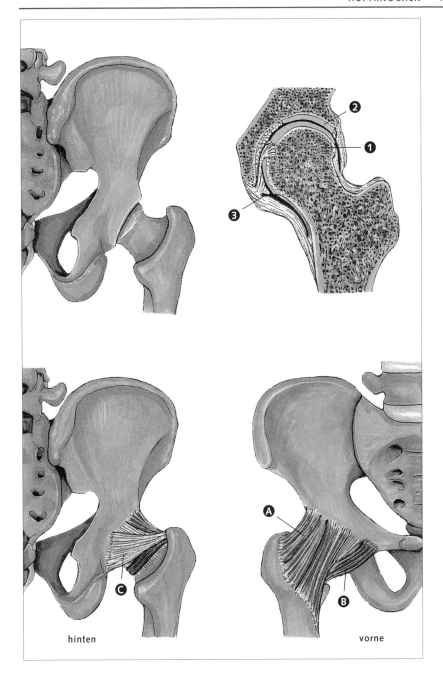

hinten

vorne

Hüftgelenkbeweglichkeit

Das Hüftgelenk ist ein Kugelgelenk, d. h. in diesem Gelenk sind Bewegungen in allen drei Ebenen des Raumes möglich:

Beugung – Streckung (Flexion – Extension)

Anspreizen – Abspreizen (Adduktion – Abduktion)

Innendrehen – Außendrehen (Innenrotation – Außenrotation).

Wegen der oben schon erwähnten guten knöchernen Führung können wir das Bein im Hüftgelenk nicht kreisen wie den Arm im Schultergelenk, sondern müssen zur Verbesserung der Beweglichkeit einen Teil der Bewegung aus der Wirbelsäule herausholen.

Die gute Beweglichkeit von Turnern, Ballettänzern oder Rhythmischen Sportgymnasten wird darüber hinaus durch ein jahrelanges Aufdehnen des Bandapparats des Hüftgelenks erzielt.

Beugen (Flexion)

Strecken (Extension)

Innendrehung
(Innenrotation)

Abspreizen (Abduktion)

Außendrehung
(Außenrotation)

Anspreizen
(Adduktion)

Hüft- und Gesäßmuskeln

Lenden-Darmbein-Muskel (M. iliopsoas)

Der M. iliopsoas ist einer der wichtigsten Muskeln für die Funktion und Statik des Hüftgelenks und der Wirbelsäule. Er ist der stärkste Beuger im Hüftgelenk und ist dadurch gerade beim Sport von größter Bedeutung. Er ist der beim Laufen, Gehen, Treppensteigen, Klettern oder Springen am meisten beanspruchte Muskel. Der Lenden-Darmbein-Muskel besteht im Grunde aus zwei eigenständigen Muskeln, dem großen Lendenmuskel (M. psoas maior) und dem Darmbeinmuskel (M. iliacus), die sich erst in Höhe der Beckenschaufel miteinander vereinigen und gemeinsam zum Oberschenkel ziehen.

Der Lendenmuskel (M. psoas) kommt mit einer oberflächlichen Schicht vom 12. Brust- und 1.–4. Lendenwirbelkörper und einer tiefen Schicht von den Querfortsätzen der Lendenwirbel.

Der Darmbeinmuskel (M. iliacus) entspringt von der Innenseite der Darmbeinschaufel, der er wie ein Polster aufsitzt.

Beide Muskeln ziehen gemeinsam in einer knöchernen Furche des Darmbeinvorderrandes über die Innenseite des Hüftgelenks zum kleinen Rollhügel des Oberschenkels (Trochanter minor) kurz unterhalb des Schenkelhalses.

Der (M. iliopsoas) ist der stärkste Beuger des Beines im Hüftgelenk. Außerdem richtet er den Oberkörper aus der liegenden oder halbliegenden Position zum Sitzen auf. Der M. psoas kann darüber hinaus die Lendenwirbelsäule in eine verstärkte Hohlkreuzstellung (Hyperlordose) ziehen und das Becken noch vorne kippen.

Der Lenden-Darmbein-Muskel ist ein tonischer Muskel und neigt somit zu Verkürzungen.

Der Lenden-Darmbein-Muskel wird in Alltag und Sport bei nahezu allen Tätigkeiten belastet und trainiert. Dies führt in vielen Fällen zu einer ausgeprägten Verkürzung dieses Muskels, wenn das muskuläre Gleichgewicht nicht aufrechterhalten wird. Die Folge sind u. a. ein verstärktes Hohlkreuz und eine vermehrte Beckenkippung. Dies kann wiederum zu außerordentlichen Belastungen und in vielen Fällen hartnäckigen Beschwerden der Lendenwirbelsäule führen. Um diese muskulären Ungleichgewichte auszugleichen, ist es notwendig, den M. iliopsoas zu dehnen und die vergleichsweise abgeschwächte Bauch- und Gesäßmuskulatur zu kräftigen.

Werden die Situps beim Bauchmuskeltraining jedoch falsch ausgeführt, d. h. die Beine werden beim Aufrichten des Oberkörpers aus der liegenden Position fixiert (z. B. durch Partner oder Stange), wird fast ausschließlich der ohnehin verkürzte M. iliopsoas gekräftigt und somit ein gegenteiliger unerwünschter Effekt erzielt.

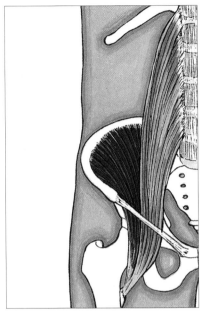

Muskeln, die das Bein in der Hüfte auswärts drehen (Außenrotatoren)

Diese Muskelgruppe setzt sich aus einer Reihe von kleinen, relativ kurzen Muskeln zusammen, die vom Hüft-, Scham- und Sitzbein kommen und zur Rückseite des großen Rollhügels ziehen.

❶ Birnenförmiger Muskel (M. piriformis)
❷ Innerer Hüftlochmuskel (M. obturatorius internus)
❸ Äußerer Hüftlochmuskel (M. obturatorius externus)
❹ Oberer Zwillingsmuskel (M. gemellus superior)
❺ Unterer Zwillingsmuskel (M. gemellus inferior)

❻ Quadratischer Schenkelmuskel (M. quadratus femoris).

Alle diese Muskeln drehen das Bein im Hüftgelenk kräftig nach außen, weshalb sie auch als die «kurzen Außenrotatoren» bezeichnet werden. Darüber hinaus haben die einzelnen Muskeln jeweils noch zusätzliche Funktionen:

- Der birnenförmige Muskel zieht den Oberschenkel nach hinten und hilft beim Abspreizen.
- Der äußere Hüftlochmuskel bringt das Bein nach vorne und zieht das abgespreizte Bein wieder an den Körper heran.
- Der innere Hüftlochmuskel und der obere und untere Zwillingsmuskel spreizen das Bein ab, wenn es in der Hüfte gebeugt ist.

Sportler, insbesondere Turner, Gymnastinnen oder Leichtathleten, die sehr häufig die Beine während ihrer Tätigkeiten abspreizen und nach außen drehen müssen, leiden mitunter unter hartnäckigen Gesäßschmerzen, die vom Kreuzbein bis in die Waden ausstrahlen können. Besonders oft sind Ballettänzer von diesem Phänomen betroffen. Ursache ist in vielen Fällen eine schmerzhafte Überlastung und Verkürzung des birnenförmigen Muskels (M. piriformis). Dieser kann bei extremen Verkürzungen sogar auf den Ischiasnerv drücken und ähnliche Schmerzen auslösen wie ein Hexenschuß. Die Therapie besteht in einer gezielten Entspannung und Dehnung dieses Muskels.

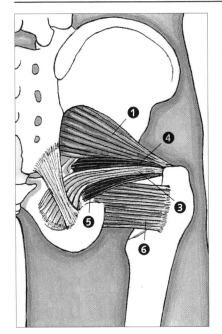

Großer Gesäßmuskel (M. glutaeus maximus)

Der große Gesäßmuskel ist wie sein Gegenspieler, der Lenden-Darmbein-Muskel, einer der wichtigsten Hüftmuskeln. Er ist an fast allen Bewegungsabläufen beteiligt und verleiht dem Gesäß die Form.

Der große Gesäßmuskel entspringt von der Darmbeinschaufel in der Nähe des Kreuz- und Sitzbeins als kräftige viereckige Muskelplatte, die bis zu 5 cm dick sein kann.

Der Muskel verläuft schräg nach außen unten zum Oberschenkel und setzt hier unterhalb des großen Rollhügels (Trochanter maior) an.

Er ist der kräftigste Streckmuskel des Beines im Hüftgelenk. Wegen seiner großen Masse und seines großen Querschnitts kann er diese Bewegung schnellkräftig und dynamisch ausführen. Er richtet den Körper aus der Hocke oder dem Sitzen auf und ist z. B. bei Strecksprüngen aus der tiefen Hocke maßgeblich beteiligt.

Beim normalen Gehen auf ebenem Untergrund ist er zwar relativ entspannt und kaum beansprucht. Sobald es aber bergauf oder treppauf geht, ist er der wichtigste Streckmuskel in der Hüfte. Außerdem dreht er das Bein im Hüftgelenk nach außen. Zudem ist er ein wichtiger Stabilisator im Hüftgelenk, da er verhindert, daß wir vornüberfallen, wenn sich der Schwerpunkt vor die Hüfte verlagert.

Der große Gesäßmuskel zählt zu den phasischen Muskeln und neigt deshalb zur Abschwächung.

Wie die Bauchmuskeln verhindert der Große Gesäßmuskel, daß das Becken nach vorne kippt und die Lendenwirbelsäule in eine Hohlkreuzposition gezogen wird. Da er zur Abschwächung neigt, ist es besonders wichtig, diesen Muskel regelmäßig zu trainieren und zu kräftigen.

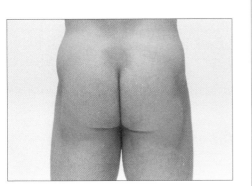

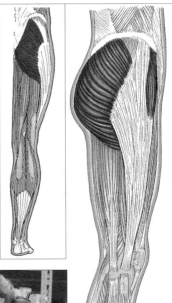

Mittlerer und kleiner Gesäßmuskel (M. glutaeus medius und minimus)

Der mittlere und der kleine Gesäßmuskel werden in Abgrenzung zum Großen Gesäßmuskel zusammengefaßt auch als «Kleine Gesäßmuskeln (Kleine Glutäen)» bezeichnet. Beide haben den gleichen Verlauf und die gleiche Funktion und unterscheiden sich eigentlich nur in ihrer Größe voneinander, wobei der kleine vom mittleren Gesäßmuskel fast vollständig bedeckt wird.

Beide Muskeln entspringen von der Außenfläche der Darmbeinschaufel und werden in ihrem Verlauf zum großen Teil vom Großen Gesäßmuskel überdeckt.

Die kleinen Gesäßmuskeln setzen gemeinsam am großen Rollhügel des Oberschenkelknochens an.

Der mittlere und der kleine Gesäßmuskel sind in erster Linie Abduktoren der Beine im Hüftgelenk, d. h. sie spreizen die Beine nach außen ab. Ihre wichtigste Funktion erfüllen sie jedoch beim Gehen, indem sie das Becken so stabilisieren, daß es nicht zur Schwungbeinseite abkippt. Sind diese Muskeln gelähmt und können das Becken nicht mehr stabilisieren, wird der Gang watschelnd wie bei einer Ente.

Die kleinen Gesäßmuskeln neigen zur Abschwächung.

Können die kleinen Gesäßmuskeln ihre beckenstabilisierende Funktion nicht mehr erfüllen, so kommt es beim Einbeinstand zu einem Absinken des Beckens auf der gesunden Seite. Dieses Phänomen nennt man «Trendelenburgsches Zeichen».

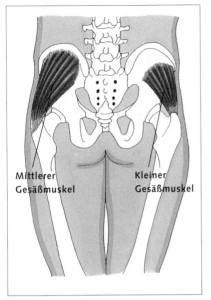

Mittlerer
Gesäßmuskel

Kleiner
Gesäßmuskel

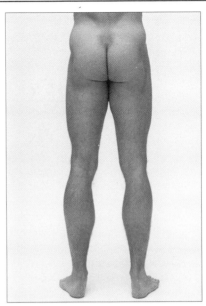

OBERSCHENKEL

Der Oberschenkel beginnt vorne in der Leistenbeuge und hinten an der Gesäßfalte. Fußwärts geht er dann ohne scharfe Grenze in die Kniegelenksregion über. Bei muskelkräftigen, athletischen Personen sind folgende Muskeln an der Oberfläche zu erkennen:

An der Vorderseite am Übergang zur Hüfte erkennt man den Schenkelbindenspanner (M. tensor fasciae latae) und den Schneidermuskel (M. sartorius). Zwischen diesen beiden Muskeln befindet sich das Schenkelgrübchen, in dem die Sehne des Geraden Oberschenkelmuskels (M. rectus femoris) zu tasten ist. In Richtung des Kniegelenks wird die Oberfläche durch den Quadrizepsmuskel geformt. In der Mitte erkennt man den Muskelbauch des geraden Oberschenkelmuskels (M. rectus femoris). Daneben befindet sich außen der äußere Schenkelmuskel (M. vastus lateralis) und innen der innere Schenkelmuskel (M. vastus medialis). Besonders der Bauch des inneren Schenkelmuskels ist bei gestrecktem Knie als Wulst neben der Kniescheibe gut zu erkennen.

Die Rückseite des Oberschenkels tritt normalerweise als eine harmonische flache Rundung von der Gesäßfalte bis zur Kniekehle hervor. Einzelne Muskeln zeichnen sich nur bei sehr muskulösen Sportlern (z. B. Sprinter) ab. Die Kniekehle wird außen durch die Sehne des zweiköpfigen Oberschenkelmuskels (M. biceps femoris) und innen durch die Sehnen des Halbsehnen- und des Plattsehnenmuskels (M. semitendinosus und M. semimembranosus) begrenzt.

Ähnlich wie am Oberarm gibt es auch am Oberschenkel eine Beuge- und eine Streckmuskelgruppe. Die Beuger liegen an der Oberschenkelrückseite und die Strecker an der Vorderseite. Zwischen den Beuge- und Streckmuskeln liegen an der Oberschenkelinnenseite die Schenkelanzieher (Adduktoren), die jedoch zu den Hüftmuskeln gezählt werden, da sie das Bein im Hüftgelenk bewegen.

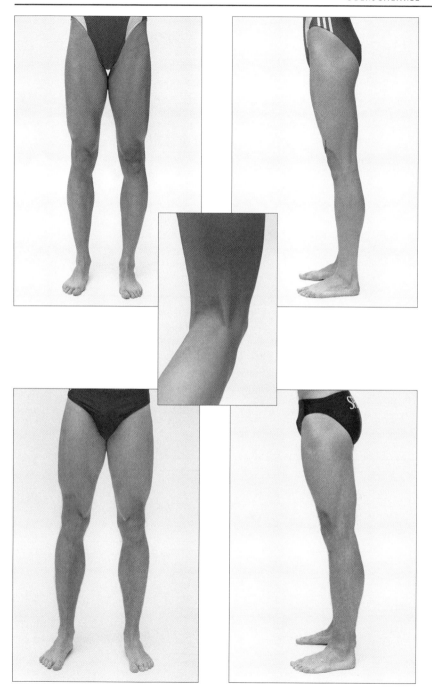

Oberschenkelknochen (Os femoris)

Der Oberschenkelknochen, das Femur, ist der längste und kräftigste Knochen des menschlichen Körpers. Die Körpergröße hängt wesentlich von der Länge dieses Knochens ab. Er ist ein typischer Röhrenknochen und besteht aus folgenden Abschnitten:

❶ Hüftkopf (Caput ossis femoris)
❷ Oberschenkelhals (Collum ossis femoris)
❸ Oberschenkelschaft (Corpus ossis femoris)

❹ Innerer und ❺ äußerer Oberschenkelknorren (medialer und lateraler Femurkondylus).

Am Übergang vom Schenkelhals zum Oberschenkelschaft befinden sich zwei große Knochenvorsprünge, der große ❹ und der kleine ❸ Rollhügel (Trochanter maior und minor), die der Hüftmuskulatur als knöcherne Ansatzpunkte dienen.

An seiner Rückseite besitzt der Oberschenkelknochen eine rauhe knöcherne Leiste ❸ (Linea aspera), von wo aus der Großteil der Oberschenkelmuskulatur entspringt.

Ein wichtiger Winkel am Oberschenkelknochen ist der sogenannte «Schaft-Schenkelhals-Winkel», der darüber Auskunft gibt, in welchem Winkel Oberschenkelschaft und Schenkelhals zueinander stehen. Beim Erwachsenen beträgt dieser Winkel normalerweise etwa 125°. Ist der Winkel deutlich größer als 125°, spricht man von einer «Coxa valga», liegt er deutlich darunter, liegt eine «Coxa vara» vor. Dies hat eine große klinische und praktische Bedeutung, da sowohl Coxa vara als auch Coxa valga zu einem frühzeitigen Gelenkverschleiß (Arthrose) führen können.

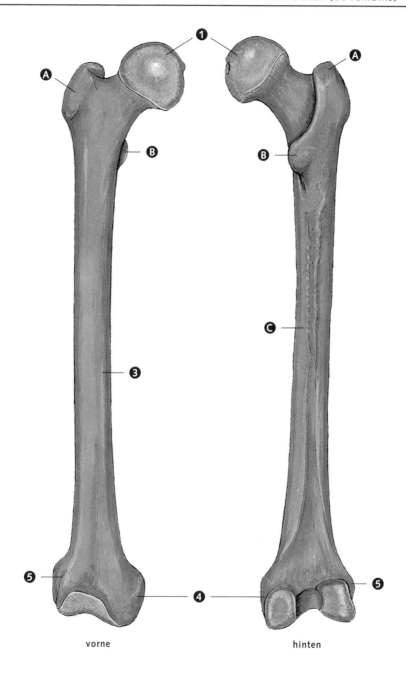

vorne   hinten

Oberschenkelmuskeln

Schenkelbindenspanner (M. tensor fasciae latae)

An der Außenseite des Oberschenkels verläuft von der Hüfte bis zum Schienbeinkopf die sogenannte breite Oberschenkelbinde (Fascia lata), die die Oberschenkelmuskulatur außen wie eine feste Binde umhüllt. Direkt an der Oberschenkelaußenseite befindet sich eine kräftige Verstärkung dieser Hülle, die im Grunde die Sehne des Schenkelbindenspanners darstellt, den sogenannten Tractus iliotibialis oder Maissiatschen Streifen.

Der Schenkelbindenspanner entspringt am Becken seitlich von den oberen Darmbeinstacheln und verläuft von hier aus gerade nach unten vor dem großen Rollhügel entlang zum Oberschenkel. Hier geht er dann in die Oberschenkelbinde über.

Er setzt über die Schenkelbinde (Tractus iliotibialis) an der Außenseite des Schienbeinkopfes an (Tuberculum Gerdyi).

Der Schenkelbindenspanner strafft die Schenkelbinde und ist darüber hinaus an der Beugung, Innendrehung und Abspreizung des Beines im Hüftgelenk beteiligt. Zudem übt er mit der Schenkelbinde an der Außenseite des Oberschenkels eine «Zuggurtungswirkung» aus, indem er die Biegebeanspruchung des Oberschenkelknochens herabsetzt und damit die Bruchgefahr reduziert.

Sportler berichten häufig beim Laufen über ein eigenartiges Gefühl, das sich wie ein Schnappen in der Leiste oder über dem großen Rollhügel anhört und anfühlt. Die Ursache für dieses Phänomen liegt darin, daß ihre Schenkelbinde (Tractus iliotibialis) über dem großen Rollhügel beim Laufen hin- und hergleitet. Dies geschieht z. B. dann, wenn Langstreckenläufer immer auf einer Straßenseite laufen, die nach außen hin etwas abfällt. Hierdurch werden die Strukturen an der Außenseite des Beins chronisch überlastet. Eine Therapie ist in den allermeisten Fällen nicht erforderlich.

Lediglich wenn es zu einer Entzündung des über dem großen Rollhügel liegenden Schleimbeutels kommt, sollte eine konservative Therapie mit Eisanwendungen, Ultraschall und körperlicher Schonung erfolgen.

Auch am Kniegelenk kann es am äußeren Oberschenkelknorren, bedingt durch O-Beine oder einseitiges Training, zu Knochenentzündungen kommen, die durch permanentes Reiben des Tractus iliotibialis ausgelöst werden (Joggerknie, iliotibiales Scheuersyndrom). Betroffen sind in erster Linie Langstreckenläufer. Therapeutisch führt eine zeitweilige Trainingsreduktion und Änderung der Lauftechnik häufig schon zu einer schnellen Besserung der Beschwerden.

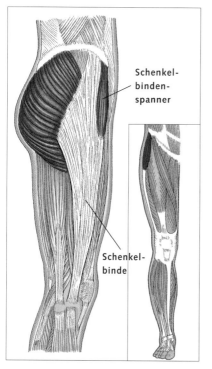

Schenkel-
binden-
spanner

Schenkel-
binde

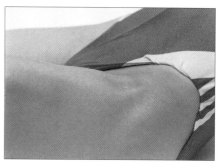

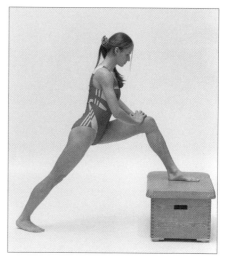

Schenkelanzieher (Adduktoren)

Als Adduktoren wird eine große Gruppe von Muskeln bezeichnet, die mehrere Gemeinsamkeiten verbindet:

- Sie liegen alle an der Innenseite des Oberschenkels,
- entspringen alle am Scham- und Sitzbein,
- ziehen alle das Bein zur Körpermitte heran,
- beugen das Bein im Hüftgelenk.
- Sie setzen alle fächerförmig an der Rückseite des Oberschenkelknochens an und werden nach ihrem Ursprung, ihrem Aussehen oder ihrer Größe bezeichnet:

Schlanker Muskel (M. gracilis)

Dieser Muskel ist der längste und am weitesten innen gelegene Muskel der Adduktorengruppe.

Er entspringt mit einer platten und breiten Sehne vom unteren Schambeinast und verläuft an der Innenseite des Oberschenkels in Richtung Kniegelenk.

Gemeinsam mit der Sehne des Schneidermuskels (M. sartorius) und der des Halbsehnenmuskels (M. semitendinosus) setzt er als sogenanntes «oberes Gänsefüßchen» (Pes anserinus superficialis) am Schienbeinkopf innen neben der Schienbeinrauhigkeit (Tuberositas tibiae) an.

Dadurch, daß der schlanke Muskel über das Hüft- und Kniegelenk hinwegläuft, bezeichnet man ihn als einen zweigelenkigen Muskel. Im Hüftgelenk zieht er das Bein an den Körper heran (Adduktion) und unterstützt die Beugung bis etwa 40°. Am Kniegelenk wirkt er als Beuger und Innendreher.

Langer Schenkelanzieher (M. adductor longus)

Der lange Schenkelanzieher liegt in der oberflächlichen Schicht der Adduktoren zwischen schlankem Muskel (M. gracilis) und Kammuskel (M. pectineus) und bedeckt teilweise den großen und den kurzen Schenkelanzieher.

Er entspringt am oberen Schambeinast und von der Vorderseite der Symphyse.

Sein Muskelbauch zieht schräg nach unten zur Mitte des Oberschenkelknochens, wo er an dessen Rückseite an der knöchernen Verstärkungsleiste (Labium mediale lineae asperae) ansetzt.

Neben seiner Hauptaufgabe, das Bein an den Körper heranzuziehen, hilft er noch bei der Hüftbeugung und Innendrehung.

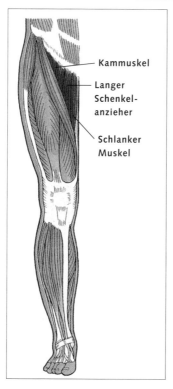

Kammuskel

Langer
Schenkel-
anzieher

Schlanker
Muskel

Kammuskel (M. pectineus)

Der oberste Muskel der Adduktoren kommt vom Schambeinhöcker (Tuberculum pubicum) und vom Schambeinkamm (Pecten ossis pubis).

Gemeinsam mit dem Lenden-Darmbein-Muskel (M. iliopsoas) setzt er an der Hinterseite des kleinen Rollhügels an einer knöchernen Leiste (Linea pectinea femoris) an.

Der Kammuskel beugt das Bein im Hüftgelenk und zieht es heran, zusätzlich unterstützt er die Außendrehung des Oberschenkels.

Kurzer Schenkelanzieher (M. adductor brevis)

Er bildet zusammen mit dem Großen Schenkelanzieher die tiefe Schicht der Adduktoren.

Der kurze Schenkelanzieher nimmt seinen Ursprung vom unteren Schambeinast.

Er verläuft ebenfalls schräg nach außen unten zum inneren Teil der hinteren Oberschenkelrauhigkeit.

Seine Funktion ist nahezu identisch mit der seines langen Pendants, des M. adductor longus, d. h. er zieht das Bein heran, hilft bei der Beugung und dreht es nach innen.

Großer Schenkelanzieher (M. adductor magnus)

Er gehört zu den kräftigsten Muskeln des Menschen und liegt in der tiefen Schicht unter dem langen Schenkelanzieher und dem Kammuskel.

Er kommt vom Sitzbeinhöcker (Tuber ischiadicum), dem unteren Schambeinast und vom Sitzbeinast und breitet sich dann nach schräg außen unten wie ein Fächer aus.

Der Große Schenkelanzieher teilt sich in seinem Verlauf, wobei ein Teil, zur inneren Lippe der Oberschenkelknochenleiste (Labium mediale lineae asperae) zieht. Der andere, etwas oberflächlich verlaufende Teil setzt mit einer langen Sehne am inneren Oberschenkelknorren (Epicondylus femoris medialis) an.

Der Große Schenkelanzieher beteiligt sich an der Adduktion, also dem Heranführen des Beines zur Körpermitte, allerdings nur bei Bewegungen gegen Widerstand (z. B. Reiten). Ansonsten unterstützt sein hinterer Teil die Streckung im Hüftgelenk, und er ist an der Innendrehung des Beines beteiligt.

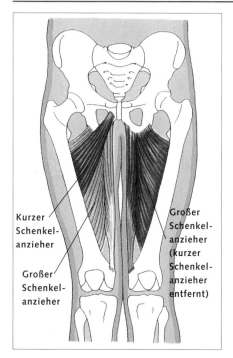

Kurzer
Schenkel-
anzieher

Großer
Schenkel-
anzieher

Großer
Schenkel-
anzieher
(kurzer
Schenkel-
anzieher
entfernt)

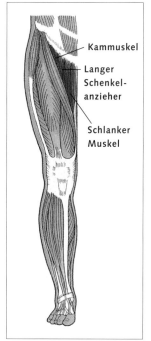

Kammuskel

Langer
Schenkel-
anzieher

Schlanker
Muskel

Gemeinsame Funktion der Adduktoren

Die gemeinsame Hauptfunktion der Schenkelanzieher (Adduktoren) ist das Heranführen des abgespreizten Beines zur Körpermitte. Zudem sind alle Adduktoren auch an einer Beugung des Oberschenkels im Hüftgelenk beteiligt.

Beim Gehen und Laufen erfüllen sie – ähnlich wie die Gesäßmuskeln – die überaus wichtige Funktion eines Stabilisators für das Becken. Sie sind die Gegenspieler (Antagonisten) der kleinen und mittleren Gesäßmuskeln, indem sie das Becken in der Standbeinphase zur gegenüberliegenden Seite neigen. Es findet beim Gehen oder Laufen also immer ein ständiges Wechselspiel zwischen den Gesäßmuskeln und den Adduktoren statt, um das Becken in jeder Phase der Bewegung in der Waagerechten zu halten. Das ist auch der Grund, warum wir nach ungewohnten Langstreckenläufen, als Ausdruck einer über einen längeren Zeitraum anhaltenden Balancierung des Beckens durch die Adduktoren, Muskelkater an der Innenseite der Oberschenkel verspüren.

Sehr häufig lesen wir in der Sportberichterstattung, besonders im Zusammenhang mit dem Profifußball, von Leisten- oder Adduktorenzerrung. Hierbei treten die Schmerzen in der Leiste am Ursprungsort der Adduktoren, am Sitz- und Schambein auf. In der Regel sind hiervon Sportler betroffen, die die Adduktoren chronisch überlasten, wie z. B. Fußballer, die vorwiegend mit dem Innenrist schießen, oder Eisschnellläufer und Eishockeyspieler, bei denen die Adduktoren einseitig belastet werden. Es handelt sich hierbei um ein muskuläres Ungleichgewicht zwischen den phasischen Gesäßmuskeln, die zur Abschwächung neigen, und den tonischen Adduktoren, die zur Verkürzung neigen. Die Therapie besteht hier wie so oft in einer Wiederherstellung des muskulären Gleichgewichts, in diesem Falle also im Dehnen der Adduktoren und Kräftigen der Gesäßmuskeln.

Von der chronischen Fehl- oder Überlastung der Adduktoren ist die Adduktorenverletzung zu unterscheiden. Hierbei handelt es sich um Muskelrisse, von denen häufig Reiter betroffen sind, die ihre ohnehin schon stark beanspruchten Schenkelanzieher beim plötzlichen Scheuen des Pferdes überdehnen.

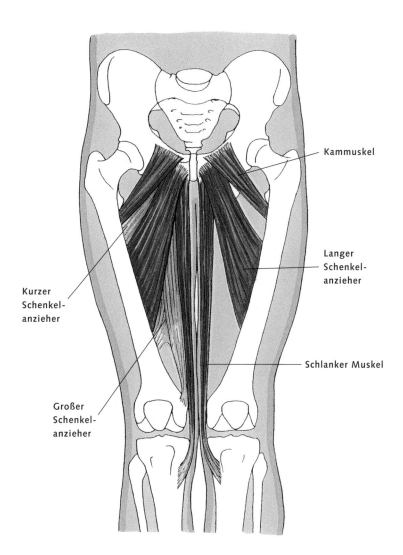

Kammuskel

Langer
Schenkel-
anzieher

Kurzer
Schenkel-
anzieher

Schlanker Muskel

Großer
Schenkel-
anzieher

Schneidermuskel (M. sartorius)

Der Schneidermuskel ist mit einer Länge von etwa 50 cm der längste Muskel des Körpers. Seinen Namen hat er von seiner Funktion, er bewegt das Bein im Hüft- und Kniegelenk nämlich genauso, wie es für den Schneidersitz erforderlich ist.

Der M. sartorius entspringt dicht unterhalb des oberen vorderen Darmbeinstachels (Spina iliaca anterior superior) und verläuft dann schraubenförmig über die Vorderseite des Oberschenkels nach innen in Richtung Kniegelenk.

Zusammen mit dem schlanken Muskel (M. gracilis) und dem Halbsehnenmuskel (M. semitendinosus) setzt der Schneidermuskel als sogenanntes Gänsefüßchen (Pes anserinus) am inneren Schienbeinkopf dicht unterhalb des Kniegelenks an.

Der Schneidermuskel zieht über Hüft- und Kniegelenk hinweg, ist somit zweigelenkig und wirkt auch auf beide Gelenke. Er zieht das Bein genau in die Position, die wir beim Schneidersitz einnehmen, d. h. er beugt es im Hüftgelenk und unterstützt die Außendrehung und Abspreizung.

Im Kniegelenk unterstützt er die Beugung und dreht das Schienbein leicht nach innen.

Bei Sportlern, die in ihrer Sportart häufig sprinten oder springen müssen, kann es zu hartnäckigen Beschwerden am Ursprung des Schneidermuskels, dem vorderen oberen Darmbeinstachel, kommen. In diesen Fällen sind die Verbesserung der Lauftechnik und spezielle Massageverfahren hilfreich.

Zu ähnlichen Beschwerden, die dann aber bis in den äußeren Oberschenkel ausstrahlen, kommt es durch ständigen Druck auf die Innenseite des vorderen oberen Darmbeinstachels. Denn hier verläuft dicht am Knochen ein Hautnerv (N. cutaneus femoris lateralis), der z. B. schon durch das Tragen von engen Jeans geschädigt werden kann. Gelegentlich kommt es bei Kindern und Jugendlichen sogar zu einem knöchernen Ausriß des vorderen oberen Darmbeinstachels, und zwar immer dann, wenn beim Schlagball- oder Speerwurf sehr weit ausgeholt und die Hüfte im Rahmen der sogenannten Bogenspannung überstreckt wird und dann extrem schnellkräftig gebeugt wird.

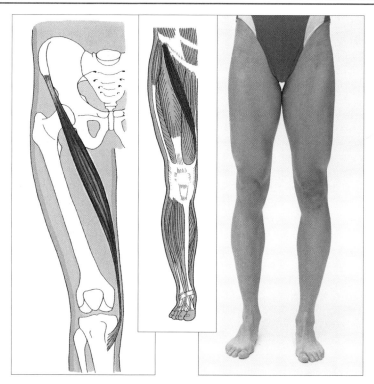

Vierköpfiger Oberschenkelmuskel (M. quadriceps)

Der Quadrizeps ist der größte und kräftigste Muskel des Menschen. Er besteht aus vier Anteilen. Diese vier Köpfe umhüllen den Oberschenkelknochen auf der Vorderseite des Oberschenkels. Alle vier Muskelanteile laufen oberhalb des Knies zusammen und setzen über die Kniescheibe mit einer kräftigen Sehne am Schienbein an und strecken das Bein im Kniegelenk.

Die Hauptfunktion des Quadrizeps besteht demnach in der Streckung des Kniegelenks aus der Beugestellung heraus. Diese Bewegung ist an nahezu allen Bewegungen des Menschen beteiligt: Beim Gehen, wo das Schwungbein über die Streckung im Kniegelenk nach vorne gebracht wird, beim Aufstehen aus der sitzenden oder hockenden Position, bei allen Sprüngen, beim Beinschlag des Kraulschwimmens usw. Aber auch bei sogenannten Bremsbewegungen, wie beim Abfedern von Sprüngen, findet eine Kontraktion der Quadrizepsmuskeln statt. Neben der Streckung im Kniegelenk kann der gerade Anteil dieses Muskels, der M. rectus femoris, auch im Hüftgelenk beugen.

Außer den dynamischen erfüllt der Quadrizeps auch statische Aufgaben. So verhindert er beim Stehen, daß wir mit den Beinen einknicken. Ein sicheres aufrechtes Stehen ist somit ohne ihn gar nicht denkbar.

Die Kniescheibe ist gewissermaßen ein Teil des Quadrizeps, da sie in seine Sehne eingelagert ist. Obwohl die Quadrizepssehne und das Kniescheibenband, das eigentlich nur eine Fortführung der Quadrizepssehne ist, sehr kräftig sind, kommt es gerade im Sport dennoch sehr häufig zu Überlastungsproblemen dieser Strukturen. Fehl- und/oder Überlastungen von Muskeln und Sehnen machen sich in den allermeisten Fällen an der Verbindung der Sehne mit dem Knochen bemerkbar.

Überlastungen des Quadrizepsmuskels führen deshalb meistens an der Kniescheibe zu Schmerzen. Dies kann entweder am Oberrand der Kniescheibe der Fall sein, wo die Sehne des Quadrizeps einstrahlt, oder, was noch wesentlich häufiger vorkommt, an der Kniescheibenspitze, von wo das Kniescheibenband zum Schienbein zieht. Dieses Krankheitsbild wird häufig als Springerknie bezeichnet, da besonders Sportler aus Sprungdisziplinen hiervon betroffen sind. Die Ursache dieser Erkrankung liegt in einer chronischen Überlastung der Oberschenkelstrecker durch intensives Sprungtraining, verkürzte Muskulatur oder tiefe Kniebeugen mit Gewichten. Besonders eine Verspannung der Beugemuskeln an der Oberschenkelrückseite kann zu einer Überforderung der Strecker und damit zu einem Überlastungsschaden des Kniescheibenbandes führen. Die Therapie ist in den meisten Fällen konservativ, d. h. eine Operation ist nicht erforderlich. Sie besteht in einer Reduzierung oder Änderung der Trainingsmethoden und einem konsequenten Dehnungsprogramm für die Oberschenkelstrecker und -beuger.

Gerader Schenkelmuskel (M. rectus femoris)

Der gerade Schenkelmuskel zieht als einziger Muskel des Quadrizeps sowohl über das Hüft- als auch über das Kniegelenk hinweg und ist deshalb ein zweigelenkiger Muskel.

Er entspringt mit einer zweigeteilten Sehne vom Darmbein. Der eine Teil kommt vom unteren vorderen Darmbeinstachel und der andere vom Oberrand der Hüftpfanne und der Hüftgelenkskapsel. Beide Sehnen gehen in Höhe des Hüftgelenks in einen gemeinsamen Muskel über, der gerade nach unten kniewärts zieht.

Ca. 8–10 cm oberhalb der Kniescheibe geht der Muskelbauch in seine Sehne über, die in die Kniescheibe einstrahlt. Von hier aus verläuft die kräftige Sehne zur Schienbeinrauhigkeit an der Vorderseite des Schienbeins kurz unterhalb des Schienbeinkopfes.

Bei Kindern und Jugendlichen kann es durch plötzliches starkes Anspannen des geraden Schenkelmuskels zu einem knöchernen Abriß der Ursprungssehne am vorderen unteren Darmstachel kommen. Ein typisches Beispiel wäre die Situation, wenn ein 8jähriger Knirps beim Fußball einen Eckball treten muß und den Ball möglichst bis in den Strafraum schießen möchte. Die explosive Strekkung des Beines im Kniegelenk bei gleichzeitiger Beugung in der Hüfte kann den geraden Oberschenkelmuskel derartig überlasten, daß er mit seiner Sehne aus dem Knochen herausreißt. Eine operative Therapie ist in den allermeisten Fällen nicht erforderlich, da der abgerissene Knochen wieder mit dem Hüftknochen zusammenwächst. In der Regel reichen einige Tage Bettruhe und Schonung sowie Sportverbot für 6 Wochen.

Mittlerer Schenkelmuskel (M. vastus intermedius)

Der mittlere Schenkelmuskel ist als einziger Muskel des Quadrizeps nicht äußerlich erkennbar, sondern wird von den übrigen drei Muskeln komplett verdeckt.

Er kommt von der Vorderseite des Oberschenkelknochens knapp unterhalb des großen Rollhügels und verläuft dann direkt dem Knochen anliegend in Richtung Kniescheibe.

Während der Großteil des Muskels an der Kniescheibe ansetzt, zieht ein kleinerer Teil zur Kniegelenkkapsel. Dieser Muskelanteil hat die Aufgabe, die Gelenkkapsel bei Streckung im Kniegelenk zu straffen, damit sie nicht einklemmt.

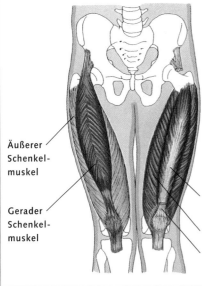

Äußerer
Schenkel-
muskel

Gerader
Schenkel-
muskel

Mittlerer Schenkelmuskel
(gerader Schenkelmuskel entfernt)

Innerer Schenkelmuskel

(Sehne des geraden Schenkelmuskels)

Innerer Schenkelmuskel
(M. vastus medialis)

Dieser Muskel reicht von allen vier Quadrizepsköpfen am weitesten nach unten in Richtung Knie. Bei gestrecktem Kniegelenk wölbt sich sein Muskelbauch an der Innenseite oberhalb der Kniescheibe deutlich hervor.

Der innere Schenkelmuskel entspringt an der Innenseite des Oberschenkelknochens knapp unterhalb der Linie zwischen den beiden Rollhügeln (Linea intertrochanterica) und von der Innenseite der knöchernen Leiste an der Oberschenkelrückseite (Labium mediale lineae asperae). Von hier aus verläuft er an der inneren Vorderseite des Oberschenkels kniewärts und umhüllt dabei den Oberschenkelknochen und den mittleren Schenkelmuskel.

Er setzt an der Basis und der Innenseite der Kniescheibe an.

Neben der Streckung des Beines im Kniegelenk unterstützt der innere Schenkelmuskel die Einwärtsdrehung des Knies.

Er ist ein typischer Vertreter der phasischen Muskeln, d. h. er neigt zur Abschwächung. Eine regelmäßige Kräftigung dieses Muskels ist besonders wichtig, da er für einen gleichmäßigen Lauf der Kniescheibe in ihrem Gleitlager verantwortlich ist.

Äußerer Schenkelmuskel
(M. vastus lateralis)

Der äußere Schenkelmuskel ist der kräftigste Muskel der Quadrizepsmuskeln. Sein Muskelbauch ist bei muskelkräftigen Personen gut an der Außenseite des Oberschenkels zu erkennen.

Der äußere Schenkelmuskel entspringt von der Außenseite des großen Rollhügels, von der äußeren Lippe der knöchernen Leiste an der Oberschenkelrückseite (Labium laterale lineae asperae) und von einer kräftigen bindegewebigen Membran zwischen den Beuge- und Streckmuskeln (Septum intermusculare).

Die Endsehne des Muskels setzt an der Basis und der Außenfläche der Kniescheibe an.

Da der kräftige äußere Schenkelmuskel den ohnehin zur Abschwächung neigenden inneren Schenkelmuskel in den meisten Fällen an Kraft übertrifft, kann es zu einem ungleichmäßigen Lauf der Kniescheibe kommen. In diesen Fällen läuft die Kniescheibe nicht mehr gerade in ihrer knöchernen Rinne, oder besser ihrem Gleitlager, sondern wird immer etwas mehr nach außen gezogen. Die Folge sind häufig Kniescheibenprobleme, auch schon bei jungen Menschen. Besonders bei längerem Sitzen kommt es durch eine Erweichung des Knorpels (Chondromalacia patellae) zu Schmerzen hinter der Kniescheibe. In vielen Fällen reicht hier als Therapie ein gezieltes Kräftigungstraining des inneren Schenkelmuskels (M. vastus medialis) aus.

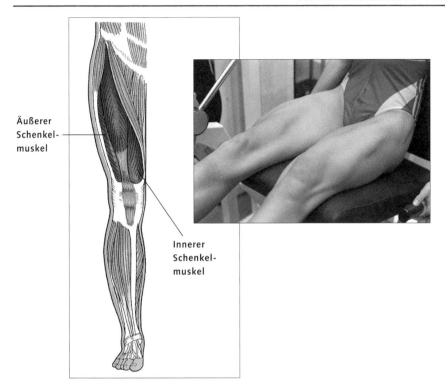

Äußerer
Schenkel-
muskel

Innerer
Schenkel-
muskel

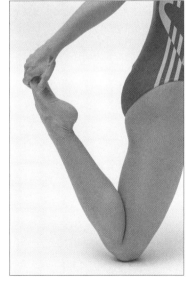

Beugemuskeln des Oberschenkels

Die Beugemuskeln (Flexoren) liegen an der Rückseite des Oberschenkels. Da sie vom Sitzbeinhöcker (Tuber ischiadicum) zum Unterschenkel (Crus) ziehen, bezeichnet man sie auch als ischiocrurale Muskulatur. Sie verlaufen somit über das Hüft- und das Kniegelenk und sind deshalb zweigelenkige Muskeln. Sie beugen im Kniegelenk und strecken das Hüftgelenk.

Die Beugemuskulatur des Oberschenkels (ischiocrurale Muskulatur) ist der Gegenspieler der Streckmuskulatur (M. quadriceps). Die Beuger sind im allgemeinen erheblich verletzungsanfälliger als die Strecker. Dies hat mehrere Gründe, die jedoch fast alle auf einem muskulären Ungleichgewicht (muskuläre Dysbalance) der Oberschenkelmuskulatur beruhen. Einerseits überwiegt die Kraft des Quadrizeps. Die Beuger können normalerweise nur 2/3 der Kraft der Strecker entwickeln. Hinzu kommt, daß die Beuger zu den tonischen Muskeln gehören und besonders stark zu Verkürzungen und Verspannungen neigen. Dies kann jeder an sich selbst ausprobieren, indem er versucht, den Fußboden mit den Fingerspitzen bei gestreckten Knien zu erreichen. Das unangenehme Ziehen in der Kniekehle, welches in fast allen Fällen auftritt, wird durch die Beugemuskulatur verursacht. Auch Kräftigungsübungen in unaufgewärmtem Zustand lösen häufig ein schmerzhaftes Ziehen an der Oberschenkelrückseite aus.

Diese außerordentliche Neigung zu Verkürzungen macht die Beugemuskeln des Oberschenkels sehr verletzungsanfällig. Besonders Sportler in Sprint- und Schnellkraftdisziplinen sind hiervon betroffen. Zur Vermeidung derartiger Muskelverletzungen ist es deshalb besonders wichtig, daß die Beugungsmuskulatur regelmäßig intensiv gedehnt wird und daß auf ein ausgewogenes Training sowohl für die Streck- als auch für die Beugemuskulatur geachtet wird, damit das ohnehin schon vorhandene muskuläre Ungleichgewicht nicht noch verschlimmert wird.

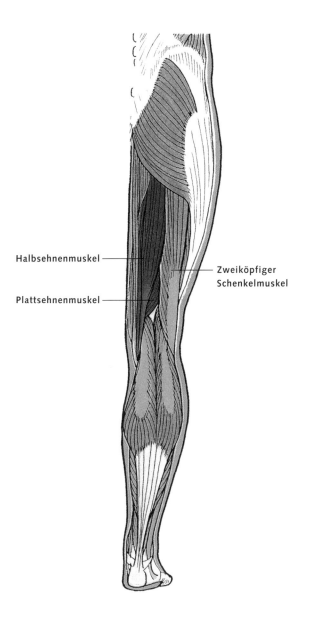

Halbsehnenmuskel

Plattsehnenmuskel

Zweiköpfiger
Schenkelmuskel

Zweiköpfiger Schenkelmuskel (M. biceps femoris)

Er liegt an der Außenseite der Oberschenkelrückseite. Seine Sehne ist in der Kniekehle außen gut zu tasten.

Der lange Kopf des zweiköpfigen Schenkelmuskels entspringt vom Sitzbeinhöcker (Tuber ischiadicum) und vom Kreuzbein-Sitzbein-Höckerband (Lig. sacrotuberale).

Der kurze Kopf kommt von der knöchernen Leiste der Oberschenkelrückseite und vereinigt sich am unteren Ende des Oberschenkels mit dem langen Kopf.

Beide Köpfe des Muskels setzen mit einer gemeinsamen Endsehne am Wadenbeinköpfchen (Caput fibulare) an.

Der zweiköpfige Schenkelmuskel beugt im Kniegelenk und dreht den Unterschenkel nach außen, außerdem streckt er den Oberschenkel im Hüftgelenk und zieht ihn heran (Adduktion).

Durch einseitige Fehlbelastung der Sehne des Muskels kann es zu schmerzhaften Überlastungsbeschwerden am Wadenbeinköpfchen kommen. Besonders häufig sind hiervon Radsportler betroffen, die ihren Schuh in einwärtsgedrehter Position an der Pedale befestigt haben. Hierdurch kommt es bei Beugung und Außendrehung des Unterschenkels zu Schmerzen an der Knieaußenseite. Das gleiche Krankheitsbild tritt bei Läufern mit starken O-Beinen auf. Auch hier kommt es zu einer Überlastung der Bizepssehne am Wadenbeinköpfchen. Die Behandlung besteht in einem vorsichtigen Dehnen und einer Änderung der Fußposition auf der Pedale.

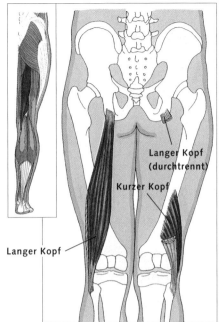

Langer Kopf
(durchtrennt)

Kurzer Kopf

Langer Kopf

Halbsehnenmuskel (M. semitendinosus)

Der Muskel entspringt zusammen mit dem zweiköpfigen Schenkelmuskel (M. biceps femoris) mit einer gemeinsamen Ursprungssehne vom Sitzbeinhöcker (Tuber ischiadicum) und vom Kreuzbein-Sitzbein-Höckerband (Lig. sacrotuberale).

Die lange Sehne des Halbsehnenmuskels zieht an der Innenseite durch die Kniekehle und setzt innen von der Schienbeinrauhigkeit (Tuberositas tibiae) am Schienbeinkopf an. Gemeinsam mit dem schlanken Muskel (M. gracilis) und dem Schneidermuskel (M. sartorius) bildet die Sehne das sogenannte «Gänsefüßchen» (Pes anserinus).

Plattsehnenmuskel (M. semimembranosus)

Der Plattsehnenmuskel ist von den Oberschenkelbeugemuskeln aufgrund seines speziellen Faserverlaufs der kräftigste Muskel, hat wegen seiner nur kurzen Muskelfasern jedoch nur eine geringe Hubhöhe.

Seinen Namen hat der Plattsehnenmuskel von seiner flachen, breiten Ursprungssehne erhalten, mit der er vom Sitzbein entspringt. Erst in der Oberschenkelmitte geht diese in den Muskelbauch über, der bei Beugung des Oberschenkels gut durch die Haut zu tasten ist.

Er ist der am weitesten innen liegende Beuger und setzt ebenfalls mit einer platten Sehne, die sich in Höhe des Kniegelenks in drei Zipfel aufteilt, an der Innenseite des Schienbeinkopfes an. Diese dreigeteilte Ansatzsehne wird auch als «tiefes Gänsefüßchen» (Pes anserinus profundus) bezeichnet.

Der Halbsehnenmuskel und der Plattsehnenmuskel sind Beuger und Innendreher im Unterschenkel und Strecker und Schenkelanzieher im Hüftgelenk.

Auch die Ansätze des Plattsehnen- und des Halbsehnenmuskels können bei einseitigen Fehlbelastungen zu Schmerzen an der Innenseite des Schienbeinkopfes führen. Ursache ist einseitiges Training oder falsche Lauftechnik mit zu weit nach außen gedrehtem Fuß. Auch hier sollte schon prophylaktisch die Beugemuskulatur des Oberschenkels ausreichend gedehnt werden.

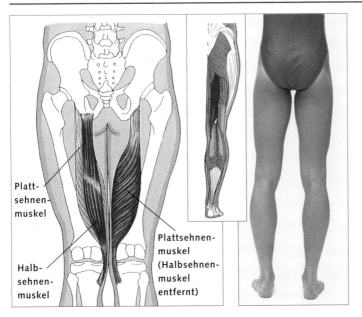

Platt-
sehnen-
muskel

Halb-
sehnen-
muskel

Plattsehnen-
muskel
(Halbsehnen-
muskel
entfernt)

KNIE (GENU)

Das Kniegelenk ist das größte und komplizierteste Gelenk des menschlichen Körpers. Am besten erkennt man die einzelnen das Kniegelenk umgebenden Strukturen und die Anteile des Kniegelenks selbst, wenn man das Bein streckt. Die deutliche Vorwölbung auf der Vorderseite wird durch die Kniescheibe (Patella) hervorgerufen. Oberhalb der Kniescheibe treten die Muskelbäuche des inneren und äußeren Schenkelstreckers (M. vastus medialis und M. vastus lateralis) hervor. Die Kuhle zwischen diesen beiden Muskelbäuchen wird durch die Quadrizepssehne gebildet. Von der Spitze der Kniescheibe kann man den Verlauf des Kniescheibenbandes (Ligamentum patellae) tasten, das gerade nach unten bis zur Schienbeinrauhigkeit (Tuberositas tibiae) am Schienbeinkopf zieht.

Auf der Rückseite befindet sich die Kniekehle, die von Sehnen und Muskeln eingerahmt wird. Außen befindet sich die Sehne des zweiköpfigen Schenkelmuskels (M. biceps femoris) und innen die Sehnen des Plattsehnen- und des Halbsehnenmuskels (M. semitendinosus und M. semimembranosus).

Die Kniekehle ist eine sogenannte Gefäß-Nervenstraße zwischen Ober- und Unterschenkel, d. h. hier verlaufen die wichtigen Blutgefäße und Nerven für die Versorgung des Unterschenkels und des Fußes. Der untere Teil der Kniekehle wird innen und außen durch die beiden Sehnen des Zwillingswadenmuskels (M. gastrocnemius) begrenzt.

Kniegelenk

Das Kniegelenk ist ein zusammengesetztes Gelenk, das vom unteren Ende des Oberschenkels, Schienbeinkopf, Kniescheibe und den beiden Menisken gebildet wird. Diese Strukturen bilden zwei einzelne Gelenke, die aber funktionell eine Einheit bilden:

• Oberschenkel-Schienbein-Gelenk (Femorotibialgelenk)
• Oberschenkel-Kniescheiben-Gelenk (Femoropatellargelenk)

Im Oberschenkel-Schienbein-Gelenk haben die Oberschenkelrollen oder -knorren (Kondylen) Kontakt mit dem Schienbeinplateau. Die Form dieser beider Knochen paßt jedoch nicht zueinander, so daß dieses Ungleichgewicht durch eine Struktur, die zwischen diesen beiden Knochen liegt, ausgeglichen werden muß. Diese Aufgabe erfüllen die Menisken. Sie schieben sich keilförmig zwischen Oberschenkelrolle und Schienbeinplateau und stellen so eine paßgerechte Form der Gelenkflächen her.

Im Oberschenkel-Kniescheiben-Gelenk gleitet die Kniescheibe in einer knöchernen Rinne, die zwischen den beiden Oberschenkelknorren liegt.

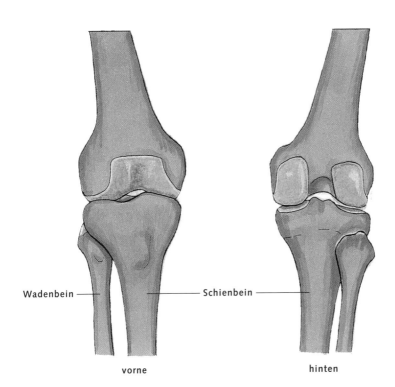

Wadenbein ——————— Schienbein ———————

vorne   hinten

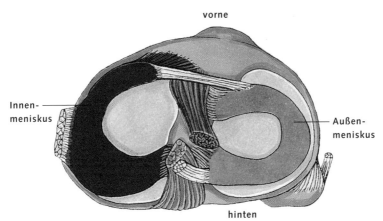

vorne

Innen-
meniskus

Außen-
meniskus

hinten

Schienbeinkopf mit Menisken
von oben

Kniescheibe (Patella)

Die Kniescheibe ist insbesondere für jugendliche Sportler und Sportlerinnen die Problemzone Nr. 1. Hier treten im jugendlichen Alter sehr häufig Beschwerden auf, die so manchen Sportler zur Aufgabe seiner sportlichen Laufbahn zwingen.

Die Kniescheibe ist ein dreieckiger Knochen, der in die Ansatzsehne des vierköpfigen Oberschenkelstreckers (M. quadriceps) eingelagert ist. Knochen, die in Sehnen eingelagert sind, nennt man Sesambeine. Die Patella ist das größte Sesambein des menschlichen Körpers.

Die Kniescheibenrückfläche ist von einer dicken Knorpelschicht überzogen. Hier befindet sich die dickste Knorpelschicht überhaupt. Diese ist hier auch dringend erforderlich, da die Kniescheibe bei jeder Beugung und Streckung im Kniegelenk in der Rinne zwischen den beiden Gelenkknorren des Oberschenkels hin- und hergleitet. Deshalb wird diese Rinne auch als Gleitlager bezeichnet. Gerade im Sport, beispielsweise bei tiefen Hock-Streck-Sprüngen, Kniebeugen oder anderen Übungen aus der tiefen Hocke heraus wird die Kniescheibe mit einem Druck bis zu 1000 kp in ihr Gleitlager hineingepreßt.

Viele jugendliche Sportler, und hier sind insbesondere die Mädchen betroffen, leiden unter einer Erweichung der Knorpelschicht an der Kniescheibenrückfläche (Chondomalacia patellae). Im schlimmeren Falle kommt es sogar zu einer Schädigung der Knorpeloberfläche (Chondropathia patellae). Hieraus resultieren Schmerzen im Knie, die besonders nach längerem Sitzen, Treppensteigen oder sportlicher Belastung auftreten. Eine Operation ist in fast allen Fällen nicht angezeigt und bringt auch nicht den erwünschten Erfolg. Die Therapie besteht in der Regel in einer gezielten Gymnastik zur Beseitigung des meistens bestehenden muskulären Ungleichgewichts. Das Problem liegt in vielen Fällen in einer verkürzten Oberschenkelbeugemuskulatur bei z. T. zu schwach ausgeprägter Streckmuskulatur. Von den Oberschenkelstreckmuskeln ist sehr häufig der innere Anteil des Quadrizeps (M. vastus medialis) abgeschwächt, den es gezielt zu kräftigen gilt.

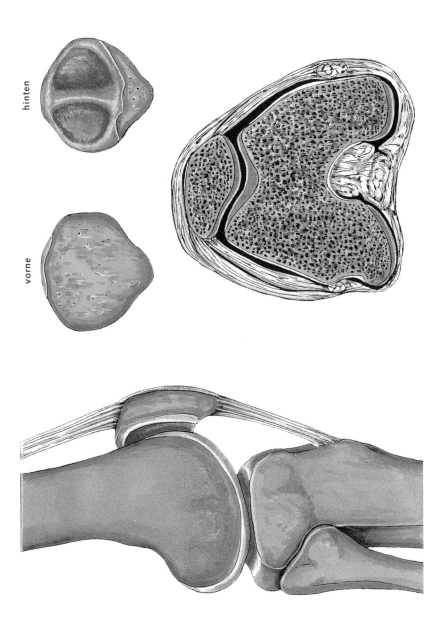

hinten

vorne

Menisken

Die Menisken sind halbmond- oder sichelförmige Scheiben aus Faserknorpel. Man muß sich ihre Form wie auf einer glatten Unterfläche liegende Apfelsinenscheiben vorstellen. Der Innenmeniskus ❶ hat einen größeren Radius als der Außenmeniskus ❷, der die Form eines fast kreisförmig geschlossenen C hat. Sie sind nur mit ihren sogenannten Vorder- und Hinterhörnern am Knochen befestigt. Darüber hinaus hat der Innenmeniskus noch eine feste Verbindung mit dem Innenband des Kniegelenks. Die nur punktuelle Befestigung am Knochen führt dazu, daß die Menisken auf ihrer Unterlage sehr beweglich und verformbar sind.

Diese große Bewegungsfreiheit ermöglicht es ihnen, die Bewegungen im Kniegelenk, wenn wir das Bein beugen oder strecken, mitzumachen, wobei sie sich bei Streckung im Kniegelenk nach vorne und bei Beugung nach hinten verschieben. Aus diesem Grunde werden die Menisken auch als «transportable Gelenkflächen» des Kniegelenks bezeichnet.

Sie übernehmen etwa ein Drittel der auf das Kniegelenk wirkenden Last und tragen dadurch wirkungsvoll zur gleichmäßigen Verteilung des Gelenkdrucks und damit zur Entlastung des Oberschenkel-Schienbein-Gelenks bei. Sie dienen somit gewissermaßen als Puffer zwischen den beiden Knochen.

Eine weitere wichtige Aufgabe der Menisken ist die Stabilisierung des Kniegelenks, da sie sich bei starker Beugung oder Streckung im Kniegelenk wie Bremskeile zwischen Ober- und Unterschenkelknochen schieben und damit die jeweilige Stellung sichern (Hemmschuhwirkung).

Der Außenmeniskus ist wegen seiner fast kreisförmigen Form beweglicher als der Innenmeniskus, der zudem auch noch fest mit dem Innenband verbunden ist.

Durch die eingeschränkte Beweglichkeit und seine Befestigung am Innenband ist der Innenmeniskus wesentlich häufiger verletzt als der Außenmeniskus. Eine reine Verletzung, also ein einmaliges plötzlich auftretendes Ereignis ist bei den Meniskuserkrankungen jedoch selten. Die überwiegende Mehrzahl der Meniskusrisse entsteht aufgrund des Verschleißes, der den Meniskus zermürbt, bis dieser schließlich einreißt. Der typische Verletzungsmechanismus ist das Strecken und Außendrehen im Knie bei auf einer Unterlage fixiertem Fuß. Dies passiert z. B., wenn der Fuß durch den Stollenschuh beim Fußball oder durch den Ski beim Skifahren fixiert ist und wir das Bein strecken und außendrehen. Hierbei wird der Meniskus zwischen Unter- und Oberschenkelmuskel gewissermaßen in die Zange genommen und maximal gedreht. Die Folge eines Meniskusrisses sind Schmerzen und sogenannte Kniegelenkblockierungen, d. h. das Knie kann nicht mehr vollständig gebeugt oder gestreckt werden. Die Therapie einer solchen Verletzung besteht heutzutage in einer Entfernung nur des eingerissenen Meniskusanteils und selten in einer Naht des Meniskusrisses. Diese Operation wird in der Regel arthroskopisch, d. h. mittels Kniegelenkspiegelung, durchgeführt.

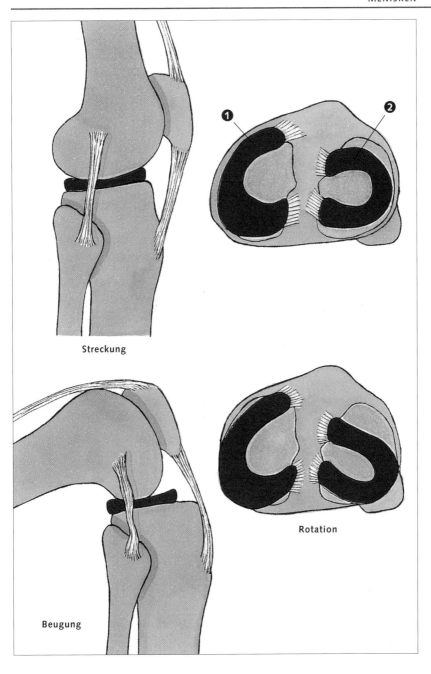

Streckung

Beugung

Rotation

Kniebänder

Im Gegensatz zum Hüftgelenk, das knöchern, und dem Schultergelenk, das durch Muskeln geführt wird, wird das Kniegelenk in erster Linie durch die Bänder gesichert. Die wichtigsten Bänder des Kniegelenks sind:

❶ Inneres Seitenband (Ligamentum collaterale tibiale)

❷ Äußeres Seitenband (Ligamentum collaterale fibulare)

❸ Vorderes Kreuzband (Ligamentum cruciatum anterius)

❹ Hinteres Kreuzband (Ligamentum cruciatum posterius)

Die Seitenbänder sind in Streckstellung angespannt und in Beugung entspannt. Sie gewährleisten die seitliche Führung des Kniegelenks besonders in Streckstellung.

Das innere Seitenband entspringt am inneren Oberschenkelknorren, zieht breitflächig schräg nach vorne unten und setzt fächerförmig ca. 7–8 cm unterhalb des Gelenkspalts an der Innenseite des Schienbeins an. Es ist mit tiefen bindegewebigen Fasern am Innenmeniskus und der Gelenkkapsel befestigt.

Das äußere Seitenband ist im Gegensatz zum Innenband als eigenes Band abgrenzbar und gut als bleistiftstarker Strang zu tasten. Es entspringt am äußeren Oberschenkelknorren und verläuft schräg nach unten hinten zum Wadenbeinköpfchen. Es hat keine Verbindung mit der Gelenkkapsel.

Die Hauptaufgabe der Seitenbänder liegt in der Stabilisierung des gestreckten Beines. Sie sorgen dafür, daß das Standbein nicht seitlich im Kniegelenk wegknickt. Bei zunehmender Beugung im Kniegelenk entspannen sich die Seitenbänder und erlauben so eine Drehung des Unterschenkels. Während wir unseren Unterschenkel bei gestrecktem Knie nicht rotieren können, sind wir bei rechtwinklig gebeugtem Knie in der Lage, Unterschenkel und Fuß ein- und auswärts zu drehen.

Bei einem Tritt gegen die Außenseite von Knie- oder Unterschenkel kann es zu Zerrungen oder gar Zerreißungen des Innenbandes kommen. Ähnliche Verletzungen können auch bei Verdrehungen des Kniegelenks beispielsweise durch Sturz beim Skifahren entstehen. Hierbei überschreitet die von außen auf das Knie einwirkende Kraft die Widerstandsfähigkeit der Seitenbänder. Die Folge sind Schmerzen an der Innenseite des Kniegelenks, meist über dem Gelenkspalt oder am Ursprung des Innenbandes am inneren Oberschenkelknorren («Skipunkt»). Aber auch durch immer wiederkehrende «Miniüberlastungen» (Mikrotraumatisierungen) kann es zu Schäden am Innenband kommen. Besonders häufig wird dieser Überlastungsschaden bei Brustschwimmern beobachtet, die ihr Innenband bei jedem Beinschlag «stressen». Durch die enge anatomische Beziehung des Innenbandes zur Gelenkkapsel und zum Innenmeniskus gehen derartige Verletzungen häufig mit Meniskusrissen einher. Eine operative Therapie der Innenbandverletzungen ist nur dann erforderlich, wenn das Band aus dem Knochen ausgerissen ist und wieder angeheftet werden muß.

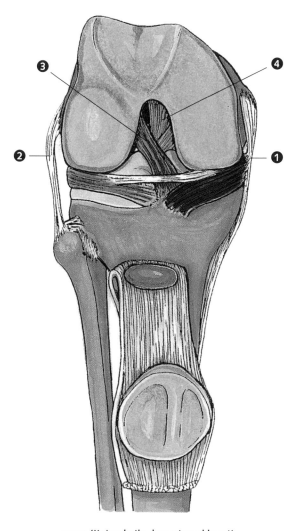

vorne (Kniescheibe heruntergeklappt)

Die im Kniegelenk verlaufenden Kreuzbänder sollen verhindern, daß der Oberschenkel auf dem Unterschenkel hin- und hergleitet wie eine Schublade, die man öffnet und schließt. Man unterscheidet das vordere und das hintere Kreuzband.

Das vordere Kreuzband (Ligamentum cruciatum anterius) verläuft von der Innenseite des äußeren Oberschenkelknochens schräg nach vorne unten, wo es an der knöchernen Erhebung (Eminentia intercondylaris) zwischen der äußeren und der inneren Schienbeingelenkfläche ansetzt. Man kann grob drei Faserbündel im vorderen Kreuzband unterscheiden: ein vorderes-inneres, ein mittleres und ein hinteres-äußeres.

Diese Bündel haben die Aufgabe, das Knie in jedem Beugewinkel zu stabilisieren. Das vordere innere stabilisiert in Streckstellung, während die Fasern des hinteren-äußeren Bündels in Beugestellung angespannt sind.

Das hintere Kreuzband (Ligamentum cruciatum posterius) ist kräftiger als das vordere Kreuzband. Es entspringt von der Innenfläche des inneren Gelenkknorrens des Oberschenkels und zieht schräg nach hinten seitlich zur knöchernen Erhebung der Schienbeingelenkflächen sowie zur Schienbeinhinterkante.

Während das vordere Kreuzband verhindert, daß das Schienbein gegenüber dem Oberschenkel nach vorne verschoben wird, sorgt das hintere Kreuzband dafür, daß das Schienbein nicht nach hinten verschoben wird. Außerdem gilt es als der Hauptstabilisator des Kniegelenks in Beugestellung.

Eine weitere wichtige Aufgabe der Kreuzbänder besteht darin, daß sie die Einwärtsdrehung des Unterschenkels begrenzen. Die Auswärtsdrehung wird dagegen nicht beeinflußt.

Verletzungen der Kreuzbänder entstehen in der Regel bei Verdrehungen des Kniegelenks in Beugestellung, verbunden mit einer von innen oder außen auf den Unterschenkel einwirkenden Kraft (Varus- oder Valgusstreß). Hierbei kommt es fast immer zu Zerreißungen des vorderen oder des hinteren Kreuzbandes, häufig in Verbindung mit Verletzungen eines Meniskus und/oder Seitenbandes. Eine derartige Verletzung ist für jeden Sportler außerordentlich schwerwiegend und führt zu einer monatelangen Zwangspause, wenn nicht gar zum Abbruch der Karriere. Nach dem Unfall klagt der Sportler über sofort einsetzende Schmerzen im Kniegelenk. Nach kurzer Zeit bildet sich meistens ein blutiger Gelenkerguß, und die Schmerzen lassen zunächst etwas nach. Im weiteren Verlauf nehmen die Schmerzen wieder zu, und das Knie kann kaum belastet werden.

Die Therapie der Kreuzbandverletzungen ist hinsichtlich der Frage, ob eine Operation erforderlich ist oder nicht, nach wie vor umstritten. Die meisten Orthopäden und Chirurgen favorisieren heutzutage jedoch die Operation, wobei das zerrissene Band genäht oder – was weitaus häufiger der Fall ist – durch eine andere Struktur (z. B. Teil aus dem Kniescheibenband) ersetzt wird, die sogenannte Kreuzbandersatzplastik.

Einen wichtigen Schutz für die Kreuzbänder stellt in jedem Falle eine gut trainierte Oberschenkelmuskulatur dar. Funktionell wird nämlich das vordere Kreuzband von der Beugemuskulatur und das hintere Kreuzband von der Streckmuskulatur des Oberschenkels unterstützt.

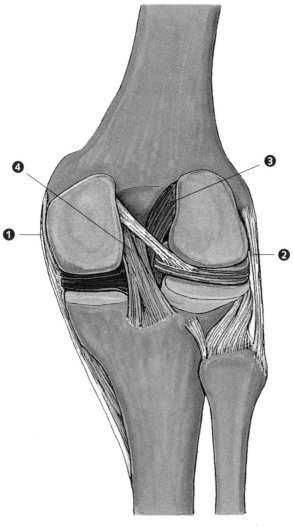

hinten

UNTERSCHENKEL

Unterschenkelknochen

Schienbein (Tibia)

Das Schienbein nimmt die Körperlast vom Oberschenkelknochen auf und überträgt dieses Gewicht auf den Fuß. Es ist deshalb mit einer Trag- oder Stützsäule zu vergleichen. Der obere Teil ist sehr breit und kräftig, denn hier liegt auf dem Schienbeinkopf ❶ die Gelenkfläche, die im Kniegelenk mit dem Oberschenkelknochen in Verbindung steht. Die Gelenkfläche wird durch eine knöcherne Erhebung ❷ (Eminentia intercondylaris) in der Mitte in zwei Teile geteilt. An diesem knöchernen Vorsprung setzen die Kreuzbänder und Menisken an.

Unterhalb des Schienbeinkopfes am Übergang zum Schaft können wir ebenfalls einen knöchernen Vorsprung tasten, die sogenannte Schienbeinrauhigkeit ❸ (Tuberositas tibiae). Hier ist der Ansatz des Kniescheibenbandes (Ligamentum patellae) und somit der gesamten Streckmuskulatur des Oberschenkels.

Der Schienbeinschaft hat drei Kanten, wovon wir die vordere Kante nahezu über ihre gesamte Länge gut tasten können. Sie liegt direkt unter der Haut und ist nicht durch Muskulatur geschützt. Aus diesem Grunde ist ein Schlag oder Stoß gegen das Schienbein auch sehr schmerzhaft, da direkt die schmerzempfindliche Knochenhaut getroffen wird.

Zum Fuß hin verdickt sich das Schienbein nochmals, wobei sich das innere Ende deutlich verdickt und verbreitert und unter der Haut als Innenknöchel ❹ (Malleolus medialis) gut zu tasten ist.

Typische Sportverletzungen am Schienbein stellen die Ermüdungs- oder Streßbrüche dar. Hierbei kommt es durch ungewohnte übermäßige Belastung oder Fehlstatik der unteren Extremität zu einem schleichenden Bruch des Knochens, der sehr langsam verläuft und zunächst häufig verkannt wird. Die Sportler geben einen sehr eng auf die Schienbeinvorderseite beschränkten Schmerz an, der sich bei Druck noch erheblich verstärkt. Zusätzlich kann hier eine leichte Schwellung und Rötung auftreten. Die Therapie besteht in einer mindestens sechswöchigen Schonung und anschließenden nur sehr allmählichen Wiederaufnahme des Trainings.

Eine weitere häufig auftretende sportbedingte schmerzhafte Veränderung am Schienbein sind die sogenannten Schienbeinkantenschmerzen. Die Ursache liegt hier in einer durch zu intensive Belastung ausgelösten Knochenhautreizung. Im Gegensatz zum Ermüdungsbruch sind die Schmerzen nicht auf einen sehr kleinen Bereich beschränkt, sondern meistens diffuser.

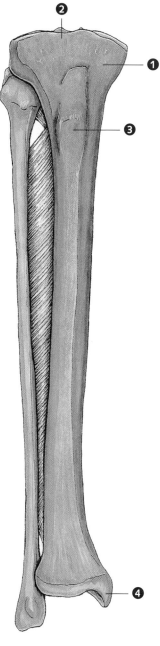

vorne

Wadenbein (Fibula)

Das Wadenbein ist ein schlanker, länglicher Knochen an der Außenseite des Unterschenkels. Es ist ungefähr gleich lang wie das Schienbein, nur sehr viel dünner. Das obere Ende, das Wadenbein-köpfchen ❶ (Caput fibulae), ist gut unter der Haut zu tasten. Der gesamte Wadenbeinschaft hingegen ist von Muskeln bedeckt, und erst das kolbenartig aufgetriebene Ende ist wieder unter der Haut als Außenknöchel ❷ (Malleolus lateralis) tastbar.

Im Sport kann es bei Umknickverletzungen zu Brüchen in Höhe des Außenknöchels kommen, die meistens operativ versorgt werden müssen, um die gebrochenen Knochenstücke exakt wieder zusammenzufügen und in ihrer ursprünglichen Lage zu fixieren. Dies ist deshalb so besonders wichtig, da der Außenknöchel einen Teil des oberen Sprunggelenks bildet und dieses bei nicht korrekter Wiederherstellung der Gelenkflächen sehr rasch verschleißen kann.

Ein weiterer kritischer Abschnitt ist das Wadenbeinköpfchen. An seiner Oberfläche verläuft der Wadenbeinnerv (N. peronaeus), der bei Verletzung des Knochens häufig mit geschädigt wird. Die Folge sind Lähmungen, verbunden mit der Unfähigkeit, den Fuß zu heben, und/oder Gefühlsstörungen an Unterschenkel und Fuß. Die Ursache kann schon ein Tritt gegen den Unterschenkel sein oder ein Bluterguß in diesem Bereich, der auf den Nerv drückt.

Wadenbein und Schienbein sind an drei Stellen fest miteinander verbunden: am oberen Ende in Kniegelenksnähe durch ein sogenanntes straffes Gelenk ❹ (Articulatio tibiofibularis) mit einer durch feste Bänder verstärkten Gelenkkapsel. Eine Bewegung in diesem Gelenk findet so gut wie gar nicht statt.

In der Mitte breitet sich zwischen Schien- und Wadenbein die Zwischen-knochenmembran ❸ (Membrana interossea) aus, ein Segel aus straffem Bindegewebe, das auch einigen Unterschenkelmuskeln als Ansatzpunkt dient.

Am unteren Ende schließlich befinden sich zwischen Innen- und Außenknöchel kräftige straffe Bänder ❻ (Syndesmosis tibiofibularis), die verhindern, daß die beiden Knochen bei der Fußhebung auseinandergedrängt werden.

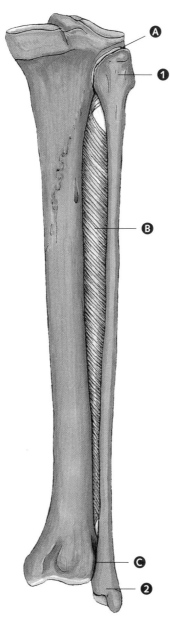

hinten

Unterschenkelmuskeln

So wie an der Hand ein Großteil der Handgelenk- und Fingermuskeln in den Unterarm verlagert ist, so befinden sich die meisten Muskeln für Sprunggelenk und Fuß am Unterschenkel. Die Muskelbäuche liegen in Knienähe, so daß der Unterschenkel von oben nach unten an Umfang abnimmt und sich in Richtung Sprunggelenk deutlich verjüngt.

Die Hauptfunktionen der Unterschenkelmuskeln bestehen darin, den Fuß gegen den Unterschenkel zu bewegen und so einen harmonischen Gang zu gewährleisten. Eine weitere wichtige Funktion liegt in der aktiven Verspannung und Aufrechterhaltung der Fußgewölbe.

Die Unterschenkel lassen sich in vier Gruppen untergliedern:

A **Vordere Unterschenkelmuskeln (Streckergruppe-Extensoren):**
❶ Vorderer Schienbeinmuskel (M. tibialis anterior)
❷ Langer Zehenstrecker (M. extensor digitorum longus)
❸ Langer Großzehenstrecker (M. extensor hallucis longus)

B **Seitliche (äußere) Unterschenkelmuskeln (Fußaußenrandheber-Pronatoren):**
❹ Langer Wadenbeinmuskel (M. peronaeus longus)
❺ Kurzer Wadenbeinmuskel (M. peronaeus brevis)

C **Oberflächliche Unterschenkelmuskeln (Oberflächl. Beuger-Flexoren):**
❻ Zwillingswadenmuskel (M. gastrocnemius)
❼ Schollenmuskel (M. soleus)
❽ Sohlenspanner (M. plantaris)

D **Tiefe hintere Unterschenkelmuskeln (Tiefe Beugergruppe-Flexoren):**
❾ Hinterer Schienbeinmuskel (M. tibialis posterior)
❿ Langer Zehenbeuger (M. flexor digitorum longus)
⓫ Langer Großzehenbeuger (M. flexor hallucis longus)

Die vier Gruppen von Unterschenkelmuskeln werden jeweils von sehr derben, nicht dehnbaren bindegewebigen Hüllen (Logen) umgeben.

Die einzelnen Logen oder Kompartimente bilden mit ihrem Inhalt fast vollständig in sich abgeschlossene Räume. Kommt es nun bei Unterschenkelverletzungen durch Gefäßzerreißungen zu Einblutungen in eine Muskelloge, kann diese sich nicht ausdehnen, so daß sich der Druck innerhalb dieses Raumes rasch erhöht. Dies kann schließlich dazu führen, daß die Blutgefäße, die die Muskeln versorgen, durch den hohen Druck abgedrückt werden, so daß der Muskel nicht mehr ernährt werden kann. Wird nicht schnell und entschlossen genug gehandelt, d. h. die festen Bindegewebshüllen chirurgisch geöffnet, um dem Blut die Möglichkeit zu geben, abzufließen und damit den Druck innerhalb der Loge zu erniedrigen, sterben die Muskeln ab. Die Symptome sind zunehmende Schmerzen, Rötung und Schwellung sowie Funktionsverlust der betroffenen Muskeln, teilweise einhergehend mit Gefühlsstörungen.

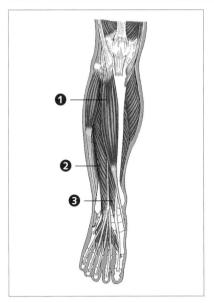

A vorne

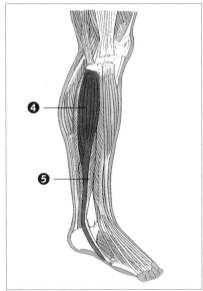

B außen

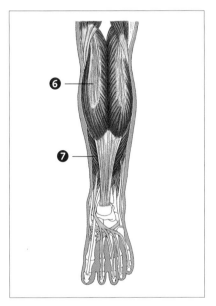

C hinten

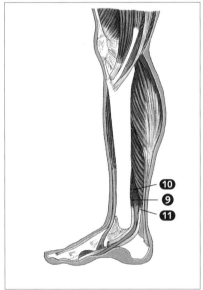

D innen

Zu ähnlichen Phänomenen kann es auch beim Sport kommen. Wird ein ungewohntes zu hartes und intensives Training mit falschem Schuhwerk auf zu hartem Untergrund durchgeführt, kann die hieraus resultierende Gewebsschwellung zu einer Druckerhöhung in den Muskellogen führen, die die Muskulatur irreversibel schädigt. Am häufigsten ist hiervon die vordere Muskelloge betroffen. Eine derartige Verletzung wird auch als «Tibialis-anterior-Syndrom» bezeichnet.

Vorderer Schienbeinmuskel (M. tibialis anterior)

Der vordere Schienbeinmuskel läßt sich vorne außen neben der Schienbeinvorderkante gut tasten. Er ist während jeder Phase des Gehens aktiv. Der Muskel entspringt von den oberen 2/3 der äußeren Schienbeinkante und von der Zwischenknochenmembran (Membrana interossea) zwischen Schienbein und Wadenbein.

Der dreiseitige Muskelbauch geht etwa in Schienbeinmitte in eine kräftige platte Sehne über, die an der inneren Seite des Sprunggelenks zum Fußrücken zieht. Sie teilt sich am inneren Fußrand in zwei Teile und setzt am ersten Keilbein (Os cuneiforme I) und an der Basis des ersten Mittelfußknochens (Os metatarsale I) an.

Man muß die Funktion des vorderen Schienbeinmuskels beim Gehen während der Standbeinphase von der Schwungbeinphase unterscheiden.

Am Schwungbein, also dem Bein, das beim Gehen nach vorne pendelt, zieht er den Fuß nach oben und dreht ihn leicht einwärts (Supination).

Ist der Fuß während der Standbeinphase am Boden fixiert, zieht er den Unterschenkel nach vorne und leitet damit den nächsten Schritt ein.

Der vordere Schienbeinmuskel gehört zu den Muskeln, die zur Abschwächung neigen.

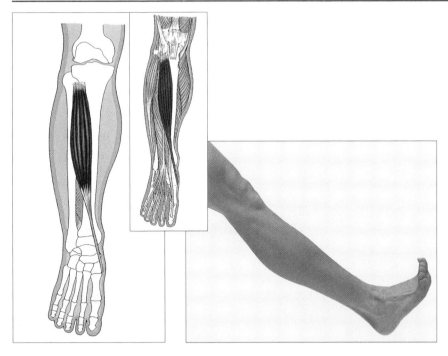

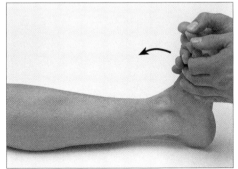

Langer Zehenstrecker (M. extensor digitorum longus)

Der lange Zehenstrecker sitzt von den Streckmuskeln am weitesten außen und liegt in Knienähe dem vorderen Schienbeinmuskel direkt an.

Er entspringt vom Wadenbeinköpfchen vom äußeren Schienbeinknorren, von der vorderen Wadenbeinkante und der Zwischenknochenmembran.

Die Ansatzsehne des langen Zehenstreckers beginnt in der Mitte des Unterschenkels und verläuft außen über dem oberen Sprunggelenk zum Fußrücken, wobei sie von einer Sehnenscheide umhüllt wird. In Höhe des oberen Sprunggelenks teilt sich die Sehne in vier dünne Sehnen, die jeweils zu den Zehen II–IV ziehen.

Ähnlich wie der vordere Schienbeinmuskel zieht der lange Zehenstrecker den Fuß in der Schwungbeinphase nach oben und nähert in der Standbeinphase den Unterschenkel dem Fußrücken an. Zudem streckt er – wie sein Name schon sagt – die Zehen, d. h. er zieht die 2.–5. Zehe nach oben.

Kurzer Zehenstrecker (M. extensor digitorum brevis)

Er zählt zu den kurzen Fußmuskeln und entspringt von der Außen- und Rückseite des Fersenbeins. Sein Muskelbauch bildet die gut sichtbare Weichteilwölbung über dem seitlichen Mittelfuß.

Im Bereich der Mittelfußknochen spaltet sich der Muskel in drei Endsehnen auf, die sich kurz vor dem Ansatz an der zweiten, dritten und vierten Zehe mit den Ansatzsehnen des langen Zehenstreckers vereinen.

Der kurze Zehenstrecker ist an der Hebung der 2. bis 4. Zehe beteiligt.

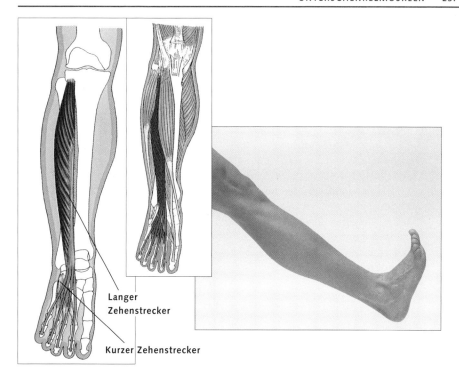

Langer
Zehenstrecker

Kurzer Zehenstrecker

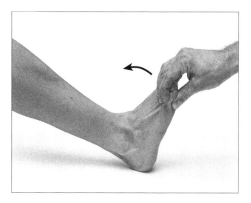

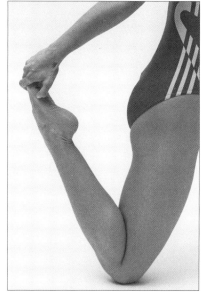

Langer Großzehenstrecker (M. extensor hallucis longus)

Der lange Großzehenstrecker ist von außen nicht sichtbar und schlecht zu tasten, da er vom vorderen Schienbeinmuskel und dem langen Zehenstrecker fast völlig verdeckt wird.

Der lange Großzehenstrecker entspringt in den unteren zwei Dritteln des Unterschenkels von der Zwischenknochenmembran und von der Innenseite des Wadenbeins.

Seine Sehne zieht innenseitig über das obere Sprunggelenk und verläuft in einer Sehnenscheide über den Fußrücken bis zum Großzehenendglied, an dessen Basis sie schließlich ansetzt.

Auch der lange Großzehenstrecker ist in seiner Funktion mit dem vorderen Schienbeinmuskel z. T. identisch, d. h. er zieht den Fuß im oberen Sprunggelenk nach oben und streckt zusätzlich noch die große Zehe.

Kurzer Großzehenstrecker (M. extensor hallucis brevis)

Der kurze Großzehenstrecker ist Teil des kurzen Zehenstreckers. Er entspringt vom Fersenbein und strahlt mit seiner Sehne von außen in die Ansatzsehne des langen Großzehenstreckers ein und setzt schließlich an der Basis des Großzehengrundgliedes an.

Er ist an der Streckung des Grundgliedes der Großzehe beteiligt.

Bei einer Lähmung der Fußstrecker kann der Fuß in der Schwungbeinphase nicht mehr nach oben gezogen werden, d. h. er hängt beim Gehen, wenn er vom Boden abgehoben wird, schlaff nach unten und schleift mit der Fußspitze über den Boden. Damit dies nicht passiert, muß das Bein in der Hüfte und im Knie stark gebeugt werden. Es wird zuerst die Fußspitze und dann erst die Ferse aufgesetzt. Hierdurch entsteht der für diesen Lähmungstyp charakteristische «Steppergang».

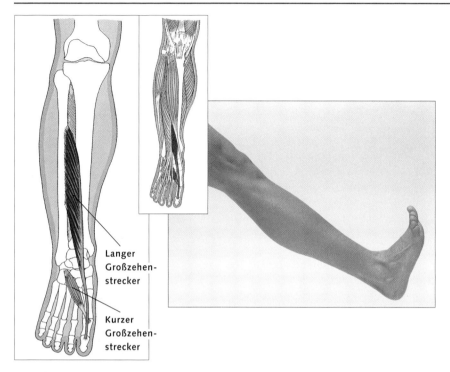

Langer
Großzehen-
strecker

Kurzer
Großzehen-
strecker

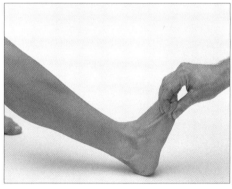

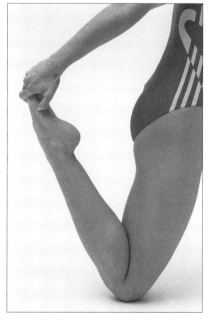

Langer Wadenbeinmuskel (M. peronaeus longus)

Der kräftige doppelt-gefiederte lange Wadenbeinmuskel ist an der Wadenaußenseite gut zu tasten und springt beim aktiven Senken des Fußes deutlich unter der Haut hervor.

Der lange Wadenbeinmuskel entspringt vom Wadenbeinköpfchen (Caput fibulae), vom äußeren Schienbeinknochen (Condylus lateralis tibiae) und von der unteren Wadenbeinhälfte.

Die Sehne des M. peronaeus longus beginnt etwa in Unterschenkelmitte und nimmt anschließend einen komplizierten Verlauf: Sie zieht hinter dem Außenknöchel zum Fußaußenrand und wird dann um das Würfelbein (Os cuboideum) des Fußes wie um eine Umlenkrolle herumgeleitet, von wo sie schließlich unter der Fußwurzel schräg nach vorne zur Innenseite des Fußes zieht. Hier spaltet sie sich in mehrere Ansatzsehnen auf, mit denen sie am inneren Keilbein (Os cuneiforme I) und der Basis des ersten und zweiten Mittelfußknochens ansetzt.

Der lange Wadenbeinmuskel wirkt sowohl auf das obere als auch auf das untere Sprunggelenk. Er hebt den äußeren Fußrand und ist somit ein kräftiger Pronator. Analog zu den Umwendbewegungen an der Hand werden Einwärtsdrehungen des Fußes als Supination und Auswärtsdrehungen als Pronation bezeichnet.

Außerdem hilft der Muskel, den Fuß aktiv zu senken.

Dadurch, daß die Ansatzsehne unter der Fußwurzel entlangläuft, ist der lange Wadenbeinmuskel aktiv an der Aufrechterhaltung und Verspannung des Fußgewölbes beteiligt.

Insbesondere Radfahrer leiden häufig unter hartnäckigen Beschwerden am Wadenbeinköpfchen. Ursache ist in vielen Fällen eine Sehnenansatzreizung des langen Wadenbeinmuskels, die durch zu starke Innendrehung des an der Pedale fixierten Fußes hervorgerufen wird. Eine Korrektur der Fußstellung auf der Pedale führt meistens schon zu einem Rückgang der Beschwerden.

Der Nerv, der die Peronaeusgruppe und die vordere Schienbeinmuskulatur versorgt, der Wadenbeinnerv (N. peronaeus), verläuft im Bereich des Wadenbeinköpfchens sehr oberflächlich und ist deshalb besonders leicht verletzlich. Ein Tritt gegen das Wadenbeinköpfchen, der Druck der Kante eines Unterschenkelgipses oder ein Sturz auf die Knieaußenseite kann zu erheblichen Irritationen dieses Nervs bis hin zu Lähmungen eines Teils der Unterschenkelmuskulatur führen.

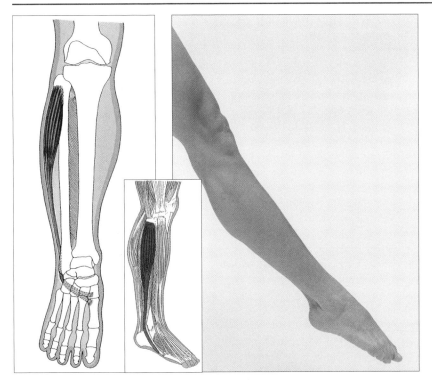

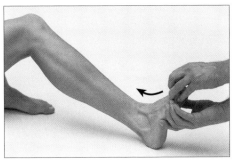

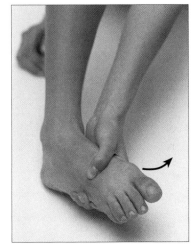

Kurzer Wadenbeinmuskel (M. peronaeus brevis)

Der kurze Wadenbeinmuskel wird zum größten Teil vom langen Wadenbeinmuskel verdeckt und ist deshalb von außen kaum zu sehen oder zu tasten.

Er entspringt an den unteren zwei Dritteln des Unterschenkels von der Außenseite des Wadenbeins. Seine Ursprungszone reicht bis in den Knöchelbereich.

Die Ansatzsehne beginnt knapp oberhalb des Außenknöchels. Vor der Sehne des langen Wadenbeinmuskels zieht sie in einer Sehnenscheide um den Außenknöchel herum und verläuft zum äußeren Fußrand, wo sie schließlich an der Rauhigkeit des 5. Mittelfußknochens (Tuberositas ossis metatarsalis V) ansetzt.

Der kurze Wadenbeinmuskel ist ein kräftiger Fußsenker und hebt den Fußaußenrand (Pronation). Die Wadenbeinmuskulatur zählt zu den zur Abschwächung neigenden Muskeln, ist also phasisch.

Die Muskeln des Unterschenkels stehen häufig in einem Ungleichgewicht zueinander. Während die Muskeln, die den Fußinnenrand heben (Supinatoren) zu den tonischen, also den zur Verkürzung neigenden Muskeln gehören, neigen die Fußaußenrandheber (Pronatoren), wie der kurze und der lange Wadenbeinmuskel, zur Abschwächung. Dies führt dazu, daß der hängende Fuß immer die Tendenz besitzt, eine Supinationsstellung einzunehmen, und daß Sportler meistens mit dem Fuß nach außen umknicken und sich dabei Zerrungen oder Zerreißungen der Außenbänder im oberen Sprunggelenk zuziehen. Deshalb sollte regelmäßig auch auf eine gezielte Kräftigung der Wadenbeinmuskeln geachtet werden.

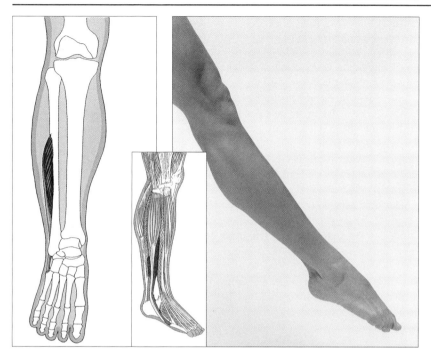

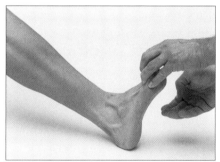

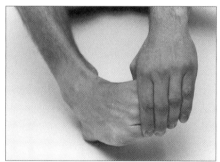

Oberflächliche hintere Unterschenkelmuskeln

Die hinteren Unterschenkelmuskeln müssen im Vergleich zu den übrigen Muskeln des Unterschenkels eine wesentlich größere Arbeit leisten, da sie den Fuß senken und beim Gehen das gesamte Körpergewicht vom Boden abdrücken müssen. Deshalb ist die Muskelmasse an der Hinterseite des Unterschenkels auch erheblich größer als auf der Vorderseite.

Der Zwillingswadenmuskel mit seinen zwei Muskelbäuchen und der Schollenmuskel werden im medizinischen Sprachgebrauch gerne als «dreiköpfiger Unterschenkelmuskel (M. triceps surae)» zusammengefaßt, da sie neben der nahezu identischen Funktion auch eine gemeinsame Ansatzsehne besitzen, die Achillessehne.

Zwillingswadenmuskel (M. gastrocnemius)

Der zweiköpfige Zwillingswadenmuskel liegt am oberflächlichsten und ist demzufolge von außen gut zu sehen und zu tasten. Er ist der kräftigste Wadenmuskel und prägt die Form des Unterschenkels am deutlichsten. Da er über das Knie- und das obere Sprunggelenk hinwegzieht, zählt er zu den zweigelenkigen Muskeln.

Der Zwillingswadenmuskel entspringt mit je einem Kopf von der inneren und äußeren Oberschenkelrolle (Condylus medialis und lateralis ossis femoris). Hier sind die Sehnen fest mit der Kniegelenkkapsel verwachsen. Gemeinsam mit dem Plattsehnenmuskel (M. semimembranosus) und dem zweiköpfigen Schenkelmuskel (M. biceps femoris) begrenzen die Köpfe des Zwillingswadenmuskels die Kniekehle.

Unterhalb der Kniekehle vereinigen sich die beiden Köpfe und enden in der Mitte des Unterschenkels in einer gemeinsamen Sehnenplatte, die sich nach unten hin zur Achillessehne verjüngt und am Fersenbeinhöcker (Tuber calcanei) ansetzt.

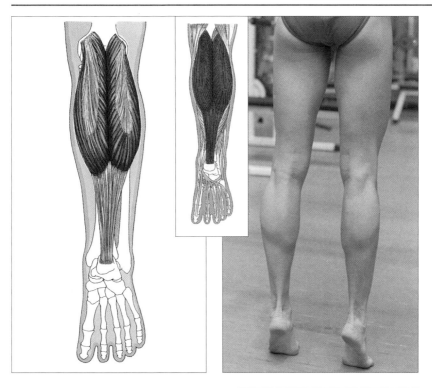

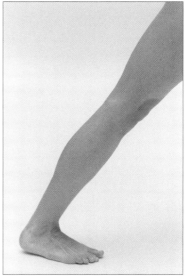

Schollenmuskel (M. soleus)

Der platte Schollenmuskel, der in seiner Form an den gleichnamigen Fisch erinnert, wird fast vollständig vom Zwillingswadenmuskel überdeckt und ist nur im unteren Drittel des Unterschenkels erkennbar.

Er entspringt vom Wadenbeinköpfchen und vom oberen Drittel des Waden- und Schienbeins und zieht von hier schräg nach unten.

Der Übergang in die gemeinsame Sehne mit dem Zwillingswadenmuskel erfolgt etwa in Unterschenkelmitte, wobei ein Teil der Muskelfasern bis in die Knöchelgegend herunterreicht und im unteren Unterschenkeldrittel manchmal seitlich der Sehne des Zwillingswadenmuskels zu erkennen ist. Zwillingswadenmuskel und Schollenmuskel setzen mit der Achillessehne am Fersenbeinhöcker an.

Die gemeinsame Funktion des Zwillingswadenmuskels und des Schollenmuskels ist die kraftvolle Fußsenkung am Schwungbein. Sie gehören zu den kräftigsten Muskeln des menschlichen Körpers und sind in der Lage, das gesamte Körpergewicht anzuheben, indem sie die Ferse vom Boden abdrücken.

Außerdem sind sie kräftige Supinatoren, d. h. sie helfen bei der Einwärtsdrehung des Fußes nach innen.

Der Zwillingswadenmuskel beugt darüber hinaus noch im Kniegelenk. Der innere Kopf ist zudem wesentlich an der Einwärtsdrehung des Unterschenkels beteiligt.

Der dreiköpfige Unterschenkelmuskel (M. triceps surae = Zwillingswadenmuskel und Schollenmuskel) zählt zu den tonischen Muskeln, neigt also zur Verkürzung.

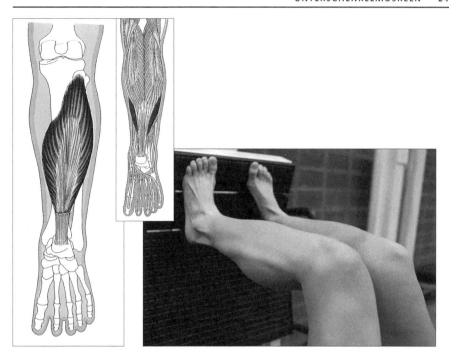

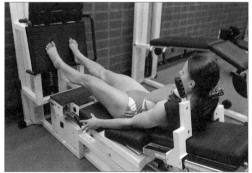

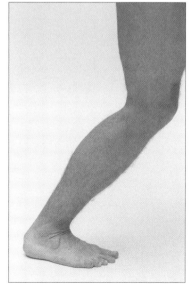

ACHILLESSEHNENRISS

Eine der meist gefürchteten und bekanntesten Sportverletzungen ist der Achillessehnenriß. Der Sportler verspürt beim Absprung oder schnellkräftigem Antritt einen scharfen messerstichartigen Schmerz in der Wade, meistens verbunden mit einem peitschenknallartigen Geräusch. Ursache ist ein Riß der Achillessehne etwa vier Querfinger oberhalb des Fersenbeins. Hier ist die Sehne am schlechtesten durchblutet und damit für verschleißartige Veränderungen am anfälligsten. Sie wird unelastisch und brüchig, so daß letztendlich schon eine geringfügige Verletzung ausreicht, um die Sehne reißen zu lassen. Eine gesunde Sehne reißt fast nie! Der operativen Therapie, d. h. der schnellstmöglichen Naht, ist wenn möglich der Vorzug zu geben, obwohl in letzter Zeit wieder verstärkt über positive Ergebnisse einer konservativen Behandlung, d. h. Tragen eines Spezialschuhs und krankengymnastische Therapie, berichtet wird.

Viele Sportler leiden aber auch unter Beschwerden an der Achillessehne, ohne daß es zu einem Riß gekommen ist. Typisch hierfür sind Achillessehnenbeschwerden zu Beginn der Belastung, die nach einer gewissen Zeit nachlassen oder gar verschwinden und erst gegen Ende des Trainings und danach wieder auftreten. Hierbei handelt es sich in der Regel um Veränderungen, die nicht die Sehne selbst, sondern das die Sehne umhüllende Gleitgewebe betreffen. Um Achillessehnenverletzungen zu vermeiden, sollte man immer auf das muskuläre Gleichgewicht der Unterschenkelmuskulatur, d. h. Dehnen der Wadenmuskulatur und Kräftigen der vorderen Schienbein- und Wadenbeinmuskulatur, achten. Weiterhin sollten gerade Mittel- und Langstreckenläufer auf das individuell für sie geeignete Schuhwerk achten. Als hilfreich haben sich in diesem Zusammenhang Lauf- und Ganganalysen in Spezialgeschäften erwiesen.

Im Tennissport und anderen Rückschlagspielen wie Squash, Racketball oder Badminton, also alles Sportarten, die mit schnellen abrupten Richtungswechseln einhergehen, kann es zu einer Zerreißung des inneren Kopfes des Zwillingswadenmuskels (M. gastrocnemius) kommen. Diese Verletzung wird als «Tennis-Bein» bezeichnet. Die Rißstelle liegt hierbei fast immer am Übergang von der Sehne in den Muskel in Wadenmitte. Der typische Verletzungsmechanismus ist die Aufschlagbewegung im Tennis, wo das Bein aus der gebeugten Fuß- und Kniestellung heraus schnellkräftig gestreckt wird. Diese Verletzung geht mit einem plötzlich einsetzenden Belastungs- und Bewegungsschmerz in der Wade einher. Die Therapie ist konservativ, d. h. eine Operation ist in den allermeisten Fällen nicht erforderlich. Eine vorbeugende Maßnahme ist die konsequente gezielte Dehnung der Wadenmuskulatur vor und nach dem Sport.

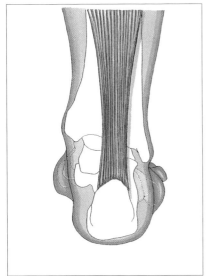

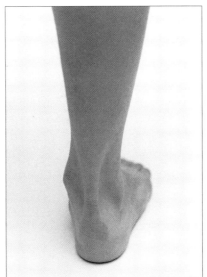

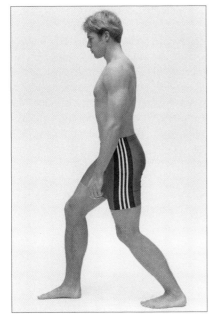

Achillessehnendehnung:

für Schollenmuskel

für Zwillingswadenmuskel

Tiefe hintere Unterschenkelmuskeln

Die tiefe Gruppe der hinteren Schienbeinmuskeln liegt unter dem dreiköpfigen Unterschenkelmuskel (M. triceps surae) auf dem Schien- und Wadenbein und ist von außen nicht zu sehen oder zu tasten.

Hinterer Schienbeinmuskel (M. tibialis posterior)

Der hintere Schienbeinmuskel entspringt zum größten Teil von der knienahen Zwischenknochenmembran (Membrana interossea) und zum kleineren Teil von den hieran angrenzenden Rändern des Schien- und Wadenbeins.

Kurz oberhalb des Innenknöchels geht der Muskel in seine Ansatzsehne über, die hier die Sehne des langen Zehenbeugers (M. flexor digitorum longus) unterkreuzt. Anschließend verläuft die Sehne um den Innenknöchel zum Fußinnenrand, wo sie sich aufspaltet und zum größten Teil an einem Höcker des Kahnbeins ansetzt. Ein kleinerer Anteil, der sich an den Keilbeinen auffächert, setzt am Würfelbein an.

Der hintere Schienbeinmuskel ist an der aktiven Fußsenkung beteiligt und zusätzlich ein kräftiger Einwärtsdreher (Supinator) des Fußes. Eine weitere wichtige Funktion liegt in der aktiven Verspannung des Quer- und Längsgewölbes des Fußes durch die fächerförmige Aufspaltung seiner Ansatzsehne unter dem Fuß.

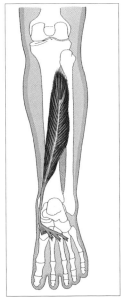

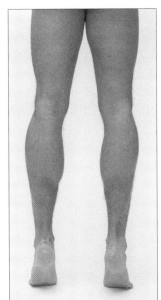

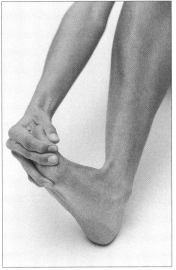

Langer Zehenbeuger (M. flexor digitorum longus)

Der lange dünne Muskel liegt an der Innenseite der Unterschenkelrückseite. Er entspringt von der Rückseite des Schienbeins und zieht bis kurz über den Innenknöchel nach unten.

Über dem Innenknöchel beginnt die Ansatzsehne, die zunächst die Sehne des hinteren Schienbeinmuskels überkreuzt und dann um den Innenknöchel herum in die Fußsohle zieht. In der Fußsohle überkreuzt sie noch einmal die Sehne des langen Großzehenbeugers. Anschließend spaltet sich die Sehne in vier einzelne Sehnen auf, die in der Fußsohle zu den Basen der Zehenendglieder ziehen. Hierbei durchbohren sie in Höhe der Grundglieder – ähnlich wie an der Hand – die Sehne des kurzen Zehenbeugers.

Obwohl der lange Zehenbeuger zu den Zehen zieht, die er in den Boden einkrallen kann, übt er seinen größten Einfluß auf das obere und untere Sprunggelenk aus. Er ist wie der hintere Schienbeinmuskel ein kräftiger Supinator und hilft zudem bei der Fußsenkung.

Langer Großzehenbeuger (M. flexor hallucis longus)

Aus der Gruppe der tiefen hinteren Unterschenkelmuskeln ist der Großzehenbeuger der kräftigste Muskel. So ist er in gut trainiertem Zustand in der Lage, allein, z. B. bei Achillessehnenrissen, die Ferse gegen das Körpergewicht im Stand anzuheben und den Zehenspitzenstand auszuführen.

Er entspringt von den unteren zwei Dritteln der hinteren Wadenbeinkante und von der angrenzenden Zwischenknochenmembran (Membrana interossea). Sein kräftiger Muskelbauch reicht hinunter bis in die Knöchelgegend, wo er oberhalb des Innenknöchels in seine Ansatzsehne übergeht.

Die Sehne des langen Großzehenbeugers zieht in einer Sehnenscheide um den Innenknöchel herum zur Fußsohle. Hier unterkreuzt sie die Sehne des langen Zehenbeugers und zieht zur Großzehe, an deren Endglied sie ansetzt.

Wie die übrigen Muskeln der tiefen Schicht der hinteren Schienbeinmuskeln, hilft auch der lange Großzehenbeuger bei der Fußsenkung und ist ein kräftiger Supinator des Fußes. Darüber hinaus ist er für die Abrollbewegung des Fußes von großer Bedeutung, da er das Abstoßen des Vorfußes am Ende der Standphase wesentlich unterstützt. Außerdem ist er wie der lange Zehenbeuger an der aktiven Verspannung des Längsgewölbes beteiligt.

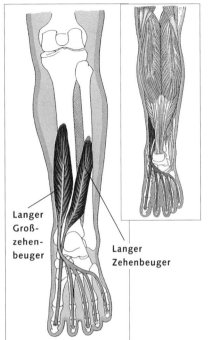

Langer
Groß-
zehen-
beuger

Langer
Zehenbeuger

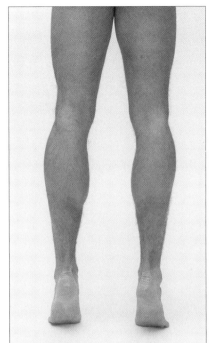

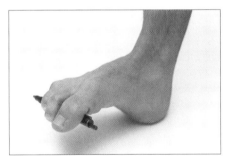

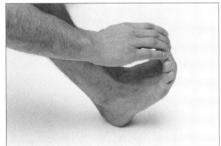

FUSS (PES)

Fußknochen

Ähnlich wie die Knochen des Handskeletts wird das Fußskelett in drei Abschnitte gegliedert:
Ⓐ Fußwurzel (Tarsus),
Ⓑ Mittelfuß (Metatarsus),
Ⓒ Zehen (Digiti pedis).

Ⓐ Fußwurzel (Tarsus)

Die Fußwurzel besteht aus insgesamt 7 Fußwurzelknochen. Diese kurzen Knochen sind aufgrund der großen Belastung (auf ihnen lastet immerhin das gesamte Körpergewicht) sehr kräftig gebaut. Wegen ihrer besonderen Beanspruchung ähneln sie den Handwurzelknochen auch nur bedingt.

Direkten Gelenkkontakt mit dem Schienbein und Wadenbein des Unterschenkels hat nur das *Sprungbein* ❶ *(Talus)*. An diesem länglichen Knochen werden Kopf (Caput), Hals (Collum) und Körper (Corpus) unterschieden. Es ist sowohl an der Bildung des oberen Sprunggelenks mit Schien- und Wadenbein als auch des unteren Sprunggelenks mit Fersenbein und Kahnbein beteiligt.

Unter dem Sprungbein liegt der größte Knochen des Fußes, das *Fersenbein* ❷ *(Calcaneus)*. An seinem hinteren Ende befindet sich der gut zu tastende Fersenhöcker, an dem die Achillessehne ansetzt.

Nach vorne hat das Fersenbein Kontakt zum *Würfelbein* ❸ *(Os cuboideum)*, während sich an das Sprungbein vorne das *Kahnbein* ❹ *(Os naviculare)* anschließt. Zwischen Kahnbein und den Mittelfußknochen liegen schließlich noch drei kleinere keilförmige Knochen, die *Keilbeine* ❺, ❻, ❼ *(Ossa cuneiformia I–III)*. Die spezielle Anordnung der Keilbeine trägt wesentlich zum Aufbau des Quergewölbes bei.

Ⓑ Mittelfußknochen (Ossa metatarsalia)

Die Mittelfußknochen sind wie die Mittelhandknochen Röhrenknochen, und man kann wie bei diesen Basis, Schaft und Köpfchen unterscheiden. Der Schaft ist jedoch deutlich mehr noch oben gewölbt als an der Hand.

Ⓒ Zehen (Digiti pedis)

Die Zehen sind wie die Finger aus drei Gliedern – Grundglied, Mittelglied und Endglied – aufgebaut. Die Großzehe besitzt wie der Daumen nur Grundglied und Endglied. Im Gegensatz zu den Fingern sind die Zehen jedoch viel kürzer und feiner. Dies hat seinen Grund darin, daß im Laufe der Entwicklung die Greiffunktion der Zehen verlorengegangen ist.

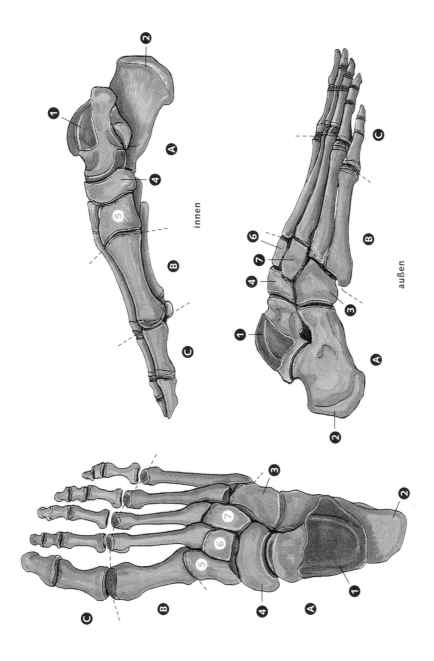

innen

außen

Oberes Sprunggelenk Ⓐ

Das obere Sprunggelenk ist aus dem Schienbein ❶, dem Sprungbein ❷ und dem Wadenbein ❸ zusammengesetzt. Das obere Sprunggelenk verbindet den Unterschenkel mit dem Fuß. Hier werden einerseits die auf den Körper einwirkenden Kräfte vom Fuß auf den Unterschenkel übertragen, andererseits kann der Fuß im oberen Sprunggelenk gegen den feststehenden Unterschenkel und umgekehrt bewegt werden. Es handelt sich um ein typisches Scharniergelenk, in dem der Fuß gehoben und gesenkt werden kann.

Wie jedes Scharniergelenk ist auch das obere Sprunggelenk durch kräftige Seitenbänder gesichert, die sich an der Innen- und Außenseite fächerförmig ausbreiten. Diese fächerförmige Bandanordnung sorgt dafür, daß ein Bandanteil in jeder Stellung des Fußes immer angespannt ist und den Fuß so vor einem Umknicken schützt.

Der äußere Bandapparat besteht aus drei Bändern:

a vom Außenknöchel nach vorne zum Sprungbein (Lig. talofibulare anterius),

b vom Außenknöchel nach unten zum Fersenbein (Lig. calcaneofibulare),

c vom Außenknöchel nach hinten zum Sprungbein (Lig. talofibulare posterius).

Der innere Bandapparat besteht aus einem kräftigen dreieckigen Band d (Deltaband, Lig. deltoideum), dessen Fasern fächerförmig vom Innenknöchel zum Sprungbein, Fersenbein und sogar weit nach vorne zum Kahnbein des Fußes ziehen.

Unteres Sprunggelenk Ⓑ

Das untere Sprunggelenk wird vom Sprungbein ❷, Fersenbein ❹ und Kahnbein gebildet, die anatomisch gesehen zwei Gelenke bilden:

• vorderes unteres Sprunggelenk zwischen Kahn-, Sprung- und Fersenbein

• hinteres unteres Sprunggelenk zwischen Sprung- und Fersenbein

Funktionell sind sie jedoch ein einheitliches Gelenk. Durch den komplizierten Aufbau dieses Gelenks ist der Fuß in der Lage, sich den Unebenheiten des Untergrundes beim Gehen und Laufen permanent anzupassen.

Es ermöglicht uns, den Fußaußenrand (Pronation, Eversion) oder den Fußinnenrand (Supination, Inversion) anzuheben.

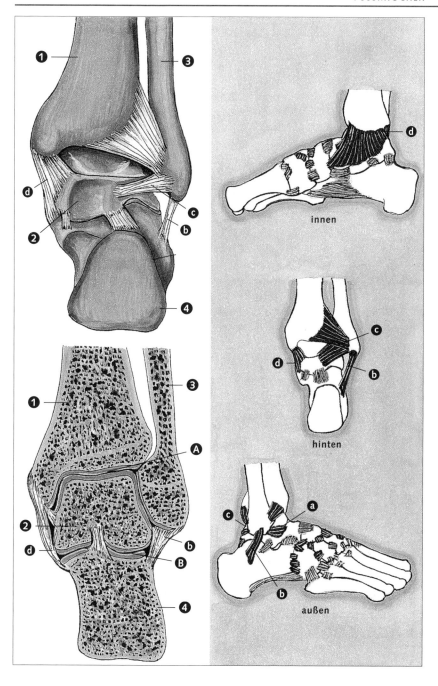

innen

hinten

außen

VERLETZUNGEN DES OBEREN SPRUNGGELENKS

Zerrungen oder Risse der Bänder des oberen Sprunggelenks gehören zu den häufigsten Sportverletzungen überhaupt. Der Unfallmechanismus ist dabei immer der gleiche. Der Sportler «knickt mit dem Fuß um». Weitaus häufiger als das Umknicken nach innen ist das Umknicken des Fußes nach außen über den Fußaußenrand. Dies liegt daran, daß der nicht belastete Fuß z. B. während eines Sprunges normalerweise die Tendenz hat, wegen des Überwiegens der supinatorisch wirkenden Unterschenkelmuskulatur eine leichte Supinationshaltung einzunehmen. Bei einer unkontrollierten Landung wird das gesamte Körpergewicht über den Außenrand des Fußes abgefangen. Die Folge sind in diesem Fall Überdehnungen oder gar Risse der Außenbänder.

Symptome:
Neben heftigen Schmerzen tritt rasch eine erhebliche Schwellung und Druckschmerzhaftigkeit am und unterhalb des Außenknöchels auf. Der Fuß kann schmerzbedingt kaum belastet werden.

Diagnostik:
Es sollte möglichst immer eine Röntgenaufnahme zum Ausschluß einer knöchernen Begleitverletzung durchgeführt werden. Beim begründeten Verdacht auf einen Bänderriß sollten zudem sogenannte gehaltene Röntgenaufnahmen gemacht werden, um das Ausmaß des Bandschadens beurteilen zu können. Diese Aufnahmen sind jedoch nur dann aussagefähig, wenn identische Röntgenbilder auch von der nicht verletzten Gegenseite angefertigt werden, um so ausschließen zu können, daß es sich um eine angeborene Bänderschwäche handelt.

Therapie:

Direkt nach dem Unfall sollte der betroffene Bereich, wie alle frischen Verletzungen überhaupt, gekühlt, hochgelagert und ruhiggestellt werden. Während diese Maßnahmen unstrittig sind, ist die weitere Behandlung der Außenbandrisse am oberen Sprunggelenk heftig umstritten. So wird von manchen Medizinern gefordert, daß diese Verletzung in jedem Fall operiert werden muß, um die ursprüngliche Anatomie des Bandapparats wiederherzustellen. Andere wiederum glauben, daß nach Abklingen der Schwellung und Schmerzen keine besondere Behandlung erforderlich ist. Eine dritte Gruppe favorisiert die kurzfristige Ruhigstellung des verletzten Fußes im Gips-, Zinkleim- oder Tapeverband und hieran anschließend die sogenannte frühfunktionelle Therapie, wobei die normale Belastung frühzeitig wieder aufgenommen wird, zum Schutz der verletzten Bänder jedoch spezielle Sprunggelenksbandagen verordnet werden, die vor einem erneuten Umknicken schützen sollen. Bei allen Therapiemöglichkeiten, ob konservativ oder operativ, scheint es aber hinsichtlich des mittel- und langfristigen Therapieerfolgs keine wesentlichen Unterschiede zu geben. Akute Verletzungen des unteren Sprunggelenks sind beim Sport relativ selten. Lediglich bei Sportlern, die sehr häufig auf unebenem Boden trainieren, kann es zu Überlastungserscheinungen in diesem Gelenk kommen. Probleme bereiten jedoch übersehene Verletzungen des Kahn- oder Fersenbeins, z. B. Ermüdungsbrüche, die mit der Zeit zu einer schmerzhaften Arthrose im unteren Sprunggelenk führen können.

Fußmuskeln

Auch der Fuß verfügt, ebenso wie die Hand, über eine eigene Muskulatur, die kurzen Fußmuskeln. Diese Muskeln dienen in erster Linie der Bewegung der Zehen. Eine weitere außerordentlich wichtige Funktion der Fußsohlenmuskulatur liegt in der aktiven Verspannung der Fußgewölbe. Die kurzen Fußmuskeln werden in zwei Gruppen, die Fußrücken- und die Fußsohlenmuskeln unterteilt:

Fußrückenmuskeln

* Kurzer Großzehenstrecker (M. extensor hallucis brevis)
* Kurzer Zehenstrecker (M. extensor digitorum brevis)

Die Fußrückenmuskeln strecken die ersten vier Zehen in den Grundgelenken und spreizen sie etwas auseinander.

Fußsohlenmuskeln

a) **mittlere Fußsohlenmuskeln:**
   1. Kurzer Zehenbeuger (M. flexor digitorum brevis)
   2. Sohlenviereckmuskel (M. quadratus plantae)
   3. Fußspulmuskeln (Mm. lumbricales)
   4. Zwischenknochenmuskeln (Mm. interossei pedis)
b) **Großzehenballenmuskeln:**
   5. Großzehenabspreizer (M. abductor hallucis)
   6. Kurzer Großzehenbeuger (M. flexor hallucis brevis)
   7. Großzehenanzieher (M. adductor hallucis)
c) **Kleinzehenballenmuskeln:**
   8. Kleinzehenabspreizer (M. abductor digiti minimi)
   9. Kurzer Kleinzehenbeuger (M. flexor digiti minimi brevis)
   10. Kleinzehengegenübersteller (M. opponens digiti minimi)

Die Funktion der einzelnen Fußsohlenmuskeln läßt sich leicht aus deren Namen herleiten. Voraussetzung für das Bewegen der Zehen durch diese Muskeln ist, daß der Fuß nicht belastet wird. Die Zehen sind im Kindes- und Jugendalter noch erheblich beweglicher. So können Säuglinge und Kinder die Zehen noch problemlos spreizen. Durch das Tragen von Schuhen verkümmert diese Fähigkeit jedoch mit zunehmenden Alter.

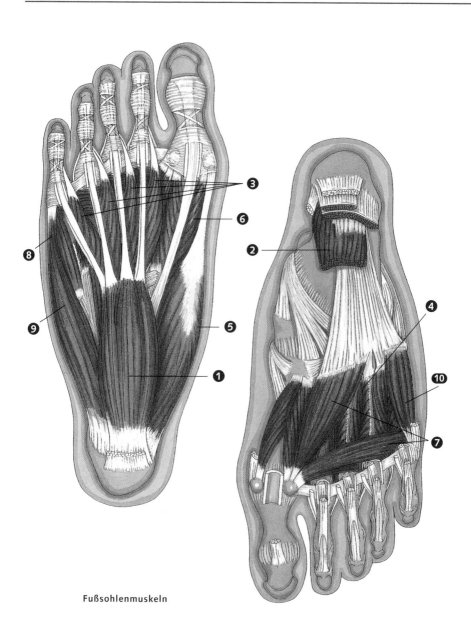

Fußsohlenmuskeln

Fußwölbungen

Die Belastung des Fußes ist von der Fußstellung und der Körperhaltung abhängig. Am Fuß sprechen wir von einer sogenannten Dreipunktabstützung. Dies bedeutet, daß die wesentlichen Abstützpunkte des Fußes das Fersenbein sowie die Köpfchen des ersten und des fünften Mittelfußknochens sind.

Beim Gehen stellt sich die Belastungsverteilung wiederum anders dar. Wenn der Fuß aufgesetzt wird, liegt der Bereich der größten Belastung am Außenrand der Ferse. Dies erklärt, warum unsere Schuhe am Absatz außen fast immer zuerst schief abgelaufen sind. Während des Abrollens verlagert sich die Hauptbelastung schräg über die Fußsohle hin zur Großzehe, über die das Abstoßen des Fußes vom Boden erfolgt.

Am Fuß unterscheidet man eine Längs- und eine Querwölbung. Die Querwölbung entsteht durch die gewölbe- oder bogenartige Anordnung der Fußwurzelknochen und setzt sich nach vorne in die Mittelfußknochen fort. Der höchste Punkt des Längsgewölbes wird vom sogenannten 2. Strahl (2. Zehe, 2. Mittelfußknochen, 2. Keilbein, Kahnbein und Fersenbein) gebildet.

Die Gewölbe des Fußes werden durch die Sehnen, Bänder (Pantaraponeurose, langes Fußsohlenband, Pfannenband) und Muskeln unter der Fußsohle aufrechterhalten, die den Bogen des Längsgewölbes spannen wie die Sehne eines Pfeilbogens. Die längs verlaufenden kurzen Fußsohlenmuskeln verhindern, daß sich das Längsgewölbe abflacht, und die quer verlaufenden Fußsohlenmuskeln sowie die Sehne des langen Wadenbeinmuskels (M. peronaeus longus) erhalten das Quergewölbe. Eine ganz wichtige Funktion übernimmt in diesem Zusammenhang der hintere Schienbeinmuskel (M. tibialis posterior), der sowohl an der Verspannung des Längs- als auch des Quergewölbes beteiligt ist.

Kommt es zu Abflachungen des Längs- oder Quergewölbes der Füße, können hieraus Fußfehlformen entstehen, die mitunter zu erheblichen Beschwerden an den Füßen führen können.

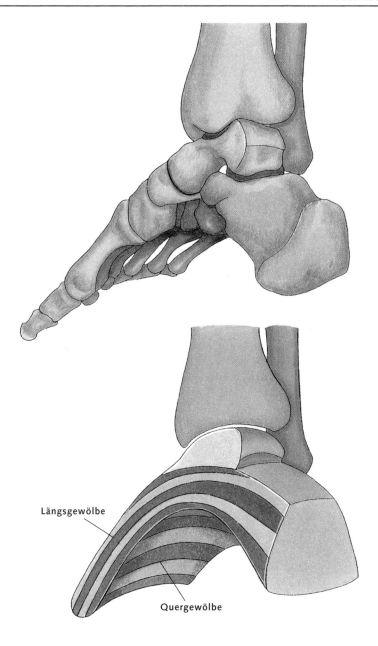

Längsgewölbe

Quergewölbe

PLATTFUSS

Hierbei ist das Längsgewölbe des Fußes aufgehoben, d. h. es ist völlig plattgedrückt. Dies führt dazu, daß beim Stehen die gesamte Fußsohle den Boden berührt. Besonders das Kahnbein, welches normalerweise durch die Längswölbung frei schwebt, liegt innenseitig dem Untergrund auf. Hierdurch kommt es zu Druckschmerzen an der Innenseite des Fußes. In vielen Fällen ist der Plattfuß Folge einer Bänder- und Muskelschwäche am Fuß und nur selten angeboren. Ein Plattfuß muß jedoch nicht zwangsläufig mit Beschwerden einhergehen. Trotz dieser Fußfehlform sind die meisten Patienten leistungsfähig und beschwerdefrei. Bei Sportlern kommt der Plattfuß häufig bei Leichtathleten vor, die sich die Füße «platt gelaufen» haben und dennoch leistungsfähig und schmerzfrei sind. Eine gezielte Therapie, d. h. die Versorgung mit geeigneten Einlagen, ist nur dann erforderlich, wenn wirklich Beschwerden auftreten.

SPREIZFUSS

Der Spreizfuß entsteht durch eine Abflachung des Quergewölbes am Vorfuß, welches unter der Last des Körpers völlig zusammengebrochen ist. Mit der Abflachung des Quergewölbes zwischen den Mittelfußknochen der Groß- und Kleinzehe werden diese fächerförmig vorne auseinandergespreizt, wodurch sich der gesamte Vorfuß verbreitert. Hierdurch kommt es am Vorfuß zu einer völlig neuen Belastung, d. h. nicht mehr die Mittelfußköpfchen der Groß- und Kleinzehe tragen die Hauptbelastung, sondern die Mittelfußköpfchen der zweiten und dritten Zehe. Unter diesen Zehen entstehen die typischen Hornhautschwielen, während die normalerweise typische Hornhaut unter der Großzehe fast völlig verschwindet. Anhand der Lage der Hornhautschwielen unter der Mitte des Vorfußes kann auch der Laie sofort den Spreizfuß erkennen. Durch diese veränderte Belastung kann es zu hartnäckigen Druckschmerzen unter der Sohle des Vorfußes kommen.

Eine weitere Folge der Vorfußverbreiterung des Spreizfußes sind zunehmende Fehlstellungen der Zehen. Dadurch, daß der Fuß vorne breiter wird, wird das übliche Konfektionsschuhwerk zu eng, und die Zehen werden zusammengedrückt.

Die Therapie besteht in der Regel in der Verordnung einer geeigneten Einlage, die neben einer guten Fußbettung in jedem Falle eine Abstützung hinter den Mittelfußköpfchen (retrokapitale Pelotte) besitzen sollte.

Besonders bei Sportlern, deren Füße ja häufig erhebliche Belastungen aushalten müssen, ist eine richtige Einlagenversorgung und begleitend ein gezieltes Fußmuskeltraining von herausragender Bedeutung, da so mancher Sportler seine Karriere wegen Spreizfußbeschwerden schon an den Nagel hängen mußte.

Belastungszonen bei unterschiedlichen Fußformen

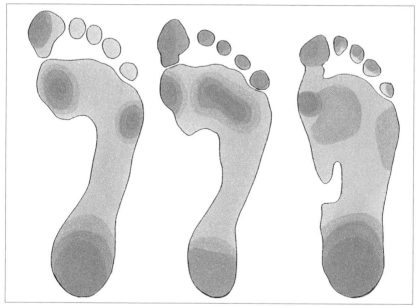

Normal   Spreizfuß   Plattfuß

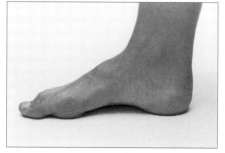

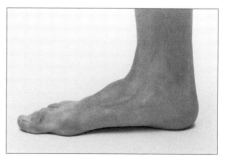

Normal   Plattfuß

GLOSSAR

Abduktion Abspreizung, Bewegung von der Körpermitte weg
Abduzieren Abspreizen. Von der Körpermitte weg bewegen
Adoleszenz «Jugendalter», zwischen Pubertätsbeginn und Erwachsenenalter
Adduktion Bewegung zur Körpermitte hin
Adduzieren Zur Körpermitte hin bewegen
Agonist Muskel, der mit einem anderen Muskel in gleichsinniger Art und Richtung arbeitet
Antagonist Muskel, der mit einem anderen Muskel in entgegengesetzter Art und Weise arbeitet
Arthrose Gelenkverschleiß
Atrophie Gewebsschwund

BWS Brustwirbelsäule

Calcaneus Fersenbein
Carpus Handwurzel
Caudal Fußwärts
Clavicula Schlüsselbein
Corpus Körper
Cranial Kopfwärts

Degeneration Verschleißprozeß mit teilweisem Verlust der ursprünglichen Funktion
Degenerativ Verschleißbedingt
Diaphyse Knochenschaft. Das die Markhöhle enthaltende Mittelstück der langen Röhrenknochen
Distal Entfernt von der Körpermitte, bzw. vom Herzen gelegen
Distorsion Verstauchung
Dorsal Hinten. Zum Rücken hin gelegen
Dysbalance Ungleichgewicht

Elevation Anhebung
Elevieren Anheben, z. B. den Arm seitlich anheben
Epiphyse Das gelenknahe Knochenende, das zunächst noch korpelige Gelenkende eines Röhrenknochens mit dem sich darin entwickelnden Knochenkern
Epiphysenfuge Wachstumsfuge eines Röhrenknochens, zwischen Diaphyse und Epiphyse gelegen
Extension Streckung

Extensor Muskel, der eine Gliedmaße streckt
Extremitäten Arme (obere E.) und Beine (untere E.)

Fascie Die bindegewebige Hülle der Skelettmuskeln («Muskelbinde»)
Femur Oberschenkelknochen
Fissur Feiner Riß im Knochen («Haarriß»)
Fixation Befestigung
Fixiert Befestigt
Flexion Beugung
Flexor Muskel, der eine Gliedmaße beugt
Fossa Grube im Knochen
Fraktur Knochenbruch

Genu Knie

Hämatom Bluterguß
Hallux Großzehe
Humerus Oberarmknochen
HWS Halswirbelsäule
Hyper- über, vermehrt
Hyperextension Überstreckung
Hyperflexion Übermäßige Beugung
Hyperlordose Übermäßige Lordose («Hohlkreuz»)
Hypertonus Vermehrte Spannung
Hypertrophie Vermehrtes Wachstum, z. B. der Muskulatur nach Muskeltraining
Hypo- unter, zu wenig

Ileum Darmbein
Indikation Anlaß, Notwendigkeit, Grund für ärztliches Handeln
Infantil kindlich, im Kindesalter
Infiltration Einbringen von Substanzen in Gewebe durch Injektion
Inklination Vorneigen
Innervation Nervenversorgung eines Gewebes
Inspiration Einatmung
Irritation Reizung
iso- gleich
isometrische Kontraktion Anspannung des Muskels bei gleichbleibender Länge der Muskelfasern
isotonische Kontraktion Anspannung des Muskels bei gleichbleibendem Spannungszustand, jedoch zunehmender Verkürzung der Muskelfasern

-itis am Ende eines Wortes weist auf eine Entzündung als Krankheitsursache hin (z. B. Arthritis = Gelenkentzündung)

juvenil jugendlich, im Jugendalter auftretend

Kompartment enger, weitgehend geschlossener Raum (z. B. Muskeltunnel)
Kompartmentsyndrom Störung der Blutzufuhr des im Kompartment gelegenen Gewebes, meist durch massive Druckerhöhung innerhalb des Kompartments, z. B. durch Bluterguß
Kompression Druck
Konservativ bewahrend, nicht operative Behandlung
Kontraktion Sichzusammenziehen, Verkürzung
Kontraktur unwillkürliche Dauerverkürzung von Muskeln oder Muskelgruppen
Kontusion Prellung
Kyphose Krümmung eines Wirbelsäulenabschnitts nach hinten, z. B. BWS-Kyphose

Läsion Schaden, Verletzung
Lateral seitlich, außen
Ligamentum Band, verbindet Knochen miteinander
Lordose Krümmung eines Wirbelsäulenabschnitts nach vorne, z. B. Lendenwirbelsäule-Lordose
Luxation Verrenkung, Auskugelung eines Gelenks, so daß die Gelenkpartner (Kopf – Pfanne) keinen richtigen Kontakt mehr miteinander haben
LWS Lendenwirbelsäule

M. Musculus = Muskel
Medial zur Mitte hin, innen
Mm. Musculi = mehrere Muskeln
Muskelfaszie bindegewebige Muskelhülle

N. Nervus = Nerv

Olekranon Ellenhaken
Os Knochen
-ose am Ende eines Wortes weist auf ein Verschleißgeschehen hin (z. B. Arthrose = Gelenkverschleiß)

Patella Kniescheibe
Peri- um etwas herum

Periost äußere Knochenhaut
post- nach, hinter
Pronation Einwärtsdrehung, so daß Handfläche oder Fußsohle nach unten zeigen

Radial speichenwärts (daumenseitig) gelegen
Radius Speiche
Reklination Rückneigung
Reposition Rückverlagerung eines Organs in seine ursprüngliche anatomische Lage, z. B. beim Wiedereinrenken einer ausgekugelten Schulter oder Richten eines Knochenbruchs
Rotation Drehung
Ruptur Riß, z. B. einer Sehne

Scapula Schulterblatt
Segment Abschnitt
Sehne Verbindung zwischen Muskel und Knochen
Sesambein Knochen, der in eine Sehne eingelagert ist
Spina Stachel, Gräte
Spongiosa Knochenbälkchengerüst
Sternum Brustbein
Subluxation Nicht vollständige Auskugelung eines Gelenks
Supination Auswärtsdrehung von Hand oder Fuß, so daß die Handfläche oder Fußsohle nach oben zeigt
Symptom Krankheitszeichen
Syndrom Krankheitsbild, das sich aus mehreren Symptomen zusammensetzt
Synovia Gelenkwasser
Synovialis Gelenkschleimhaut
Synovialitis Gelenkschleimhautentzündung

Talus Sprungbein
Tarsus Fußwurzel
Tendinitis Entzündung des Sehnengewebes
Tendo Sehne
Tendopathie verschleißbedingte Bindegewebserkrankung im Sehnenansatzbereich, besonders bei Überbeanspruchung
Thorax Brustkorb
Tibia Schienbein
Tonus Spannungszustand
Torsion Verdrehung
Trabekel Knochenbälkchen
Trauma Verletzung
Trochanter Rollhügel am Oberschenkelknochen
Trochlea Rolle

Tuberositas Rauhigkeit, Knochenhöcker mit rauher Oberfläche, an der große Sehnen ansetzen

Ulna Elle
Ulnar ellenwärts, kleinfingerseitig

Valgus X-Stellung
Varus O-Stellung

Ventral bauchwärts, vorne

Xiphoid Griffelfortsatz des Brustbeins

Y-Fuge Y-förmige Knorpelfuge, mit der am kindlichen Skelett die 3 getrennt angelegten Beckenknochen im Bereich der Hüftpfanne vereinigt sind

Anderson, B.: Stretching. Heyne Verlag, München, 1987

Appell, H. J. / Stang-Voss, Chr.: Funktionelle Anatomie, München, 1986

Beigel, K. / Gruner, S. / Gehrke, T.: Gymnastik falsch und richtig, Reinbek bei Hamburg, 1993

Ehlenz, H. / Grosser, M. / Zimmermann, E.: Krafttraining, BLV Verlag, 1991

Faller, A. / Schünke, M.: Der Körper des Menschen, Stuttgart – New York, 1995

Feldmeier, Chr.: Grundlagen der Sporttraumatologie, München, 1988

Freiwald, J.: Prävention und Rehabilitation im Sport. Reinbek bei Hamburg, 1989

Grosser, M. / Müller, H.: Power Stretch, München – Wien – Zürich, 1990

Gustavsen, R.: Trainingstherapie, Stuttgart – New York, 1984

Hinrichs, H.-U.: Sportverletzungen, Reinbek bei Hamburg, 1987

Hollmann, W. / Hettinger, Th.: Sportmedizin, Stuttgart – New York, 1990

Jäger, M. / Wirth, C. J.: Praxis der Orthopädie, Stuttgart, 1986

Kahle, W. / Leonhardt, H. / Patzer, W.: Taschenatlas der Anatomie, Stuttgart, 1975

Kendall, F. / McCreary, E.: Muskeln – Funktionen und Tests. Stuttgart – New York, 1988

Knebel, K.-P.: Funktionsgymnastik, Reinbek bei Hamburg, 1992

Kuhn, W.: Funktionelle Anatomie des menschlichen Bewegungsapparates, Schorndorf, 1992

Letzelter, H. / Letzelter, M.: Krafttraining, Reinbek bei Hamburg, 1990

Markworth, P.: Sportmedizin, Reinbek bei Hamburg, 1983

Rauber / Kopsch: Anatomie des Menschen, Band 1, Stuttgart – New York, 1987

Sölveborn, S. A.: Das Buch vom Stretching, München, 1983

Tittel, K.: Beschreibende und funktionelle Anatomie des Menschen, Jena, 1981

Trunz, E. / Freiwald, J. / Konrad, P.: Fit durch Muskeltraining, Reinbek bei Hamburg, 1994

Wegener, U.: Sportverletzungen, Hannover, 1993

Weineck, J.: Sportbiologie, Erlangen, 1988

Winkel, D. / Vleeming, A. / Fisher, S. / Meijer, O. G. / Vroege, C.: Nichtoperative Orthopädie der Weichteile und des Bewegungsapparates, Bd. I – III, Stuttgart, 1985

Wirhed, R.: Sport-Anatomie und Bewegungslehre, Stuttgart – New York, 1984

Dr. Thorsten Gehrke, Jahrgang 1960, Orthopäde und Sportmediziner, Oberarzt an der Spezialklinik für Knochen- und Gelenkchirurgie ENDO-Klinik in Hamburg. Dozent für Sportmedizin am Institut für Sportwissenschaften der Universität Kiel. Seit vielen Jahren als Referent für die Schulungsarbeit des Verbandes für Turnen und Freizeit, des Rückenforums und des Hamburger Sportbundes in Hamburg tätig. Mitautor des 1993 erschienenen rororo Taschenbuches «Gymnastik – Falsch und Richtig».

Weitere Bücher
zum Thema
Sport und Fitness

Aliana Kim
Kinesiologisches Taping
104 Seiten, zahlreiche Abb., Broschur,
Format: ca. 19,0 x 23,5 cm
ISBN: 978-3-86820-470-4

Wirksame Selbsthilfe bei Schmerzen und Verletzungen

Das von Physiotherapeuten, Chiropraktiker und Personal Trainer breitflächig eingesetzte kinesiologische Taping stützt den Körper auf unglaubliche Weise und dehnt ihn gleichzeitig, sodass er seine normalen Bewegungen durchführen kann. Jetzt können Sie dieses erstaunliche Material zu Hause nutzen. Folgen Sie den in diesem Buch beschriebenen Taping-Methoden, um Schmerzen zu lindern, eine Verletzung zu heilen und wieder ins Spiel zu kommen.

Die Autorin zeigt anhand von detaillierten Schritt-für-Schritt-Anleitungen und hilfreichen Fotos, wie man die häufigsten Verletzungen und Beschwerden am Körper selbst behandeln kann.

www.nikol-verlag.de

Augusta DeJuan Hathaway
**Das Fitnesstraining der
Eliteeinheiten**
168 Seiten, zahlreiche Abb., Broschur,
Format: ca. 19,0 x 23,5 cm
ISBN: 978-3-86820-469-8

Das Eliteprogramm für körperliche und mentale Fitness

Haben Sie das Zeug zum Soldaten einer Eliteeinheit? Um als Mitglied einer Eliteeinheit des Militärs zu taugen – der Navy SEALs, der Marine Force Recon, der Army Rangers oder der Green Berets –, müssen Sie in Topform sein und die höchsten körperlichen und mentalen Belastungen aushalten.

In diesem Buch präsentiert Ihnen Augusta DeJuan Hathaway das Programm, das er als Spezialist für Kraft- und Ausdauertraining für die USSpezialeinheiten entwickelte – das härteste Training nur für die härtesten Kerle!

»Das Fitnesstraining der Eliteeinheiten« enthält Übungen, die Sie überall machen können. Aber Achtung: Dieses Training wird Sie herausfordern. Überwinden sie den inneren Schweinehund! Mit den 30 Hardcore-Workouts in diesem Buch erreichen Sie maximale Kraft, steigern Sie Geschwindigkeit und Beweglichkeit, setzen Sie Ihre Ermüdungsschwelle hoch, verbessern Sie Gleichgewicht und Flexibilität und fördern Ihre mentale Stärke.

www.nikol-verlag.de